传承与彰显

南京红色文化资源空间保护利用

童本勤　张　峰　孙　静　编著

东南大学出版社
SOUTHEAST UNIVERSITY PRESS
南　京

图书在版编目（CIP）数据

传承与彰显：南京红色文化资源空间保护利用 / 童本勤, 张峰, 孙静编著. —南京：东南大学出版社，2021.4

ISBN 978-7-5641-9383-6

Ⅰ.①传… Ⅱ.①童… ②张… ③孙… Ⅲ.①革命纪念地-旅游资源-研究-南京 Ⅳ.① F592.753.1

中国版本图书馆 CIP 数据核字（2020）第 269607 号

传承与彰显：南京红色文化资源空间保护利用

编　　著	童本勤　张　峰　孙　静
出版发行	东南大学出版社
社　　址	南京四牌楼 2 号　邮编：210096
出 版 人	江建中
网　　址	http://www.seupress.com
电子邮件	press@seupress.com
经　　销	全国各地新华书店
印　　刷	南京新世纪联盟印务有限公司
开　　本	889 毫米 ×1194 毫米　1/20
印　　张	11.2
字　　数	296 千
版　　次	2021 年 4 月第 1 版
印　　次	2021 年 4 月第 1 次印刷
书　　号	ISBN 978-7-5641-9383-6
定　　价	128.00 元

本社图书若有印装质量问题，请直接与营销部联系。电话（传真）：025-83791830

序

红色文化是中国共产党领导中国人民在伟大斗争中，经过长期沉淀和升华形成的文化，它以马克思主义为指导，继承中华优秀传统文化，蕴含丰富的革命精神和历史文化内涵，是中华民族伟大复兴宝贵的精神财富。红色资源是具有重要纪念教育意义和重要历史文化价值的史迹及遗存，是大力弘扬以爱国主义为核心的民族精神、积极培育和践行社会主义核心价值观的重要载体。

党的十八大以来，习近平总书记先后到西柏坡、延安、井冈山、上海、嘉兴南湖等革命圣地，瞻仰西柏坡革命旧址、陕甘边革命根据地英雄纪念碑、井冈山革命烈士陵园、中共一大会址等，反复强调要不忘初心、牢记使命，把红色资源利用好、红色传统发扬好、红色基因传承好，让革命事业薪火相传、血脉永续。

在源远流长的中国历史长河中，南京有着极其特殊的历史地位。特别是进入近代，她见证了中华民族抵御外侮、走向振兴、实现民族独立和人民解放的历史进程，在波澜壮阔的革命史上留下了深刻的红色印记。在南京6500多平方公里的土地上，分布着雨花台烈士陵园、梅园新村纪念馆、渡江胜利纪念馆、红色李巷等160多处红色文化资源点，记录着中国共产党领导人民前仆后继、浴血奋斗的难忘历史，蕴含着中国共产党和中国人民艰苦奋斗、不屈不挠、一往无前的革命精神，铭刻着中国共产党在南京的革命实践和历经磨难走向胜利的光辉记忆。这些红色资源和它们所承载的革命精神，已经成为城市基因，融入城市血脉，是南京宝贵的红色家底和精神财富。

近年来，南京市委市政府坚持以习近平总书记关于红色文化的重要论述为引领，高度重视、积极推进红色资源保护利用工作，确立"系统梳理、完整保护、多元利用"的基本方针，不断建立完善红色资源保护体系和推进机制，对各类红色资源进行系统保护、全面传承、合理利用，努力将南京建设成为"全国具有影响力的红色文化之城"。

为此，中共南京市委宣传部、南京市规划局（原）联合中共南京市委党史工作办公室，组织南京市规划设计研究院编制《南京市红色文化资源保护利用规划》。该规划经过实地调查、科学评价、反复讨论，于2019年9月得到南京市人民政府批复。据此规划，制定实施了《南京市红色文化资源保护利用三年行动计划(2019—2021)》。目前，南京党史综合设施、江北新区红色文化广场等工程正在加紧实施，梅园新村纪念馆、渡江胜利纪念馆等场馆提质改造项目正在加快推进，红色文化研究阐释、交流研讨、宣传教育等工作也在同步开展，不断挖掘和彰显南京红色文化的深刻内涵、时代价值和现实意义，充分发挥红色资源育人化人功能，为坚定理想信念、厚植爱国情怀、传承革命精神提供丰厚的文化滋养。

南京市规划设计研究院的编制团队在前期规划成果的基础上，又进一步拓展研究了新时代背景下红色文化资源空间保护利用的理念和方法，形成此书稿。全书对南京红色资源特色价值有了新的阐释，内容翔实、体系严谨、图文并茂、可读性强，提出的保护利用体系科学完整、层次清晰、务实可行。期待通过此书的出版，进一步助力南京红色资源的保护传承，丰富南京历史文化名城的时代内涵，让红色基因在新时代发扬光大，为高质量建设"强富美高"新南京注入更加强大的精神力量。

中共南京市委宣传部部长　陈勇

2020年10月于南京

前　言

红色文化是一种重要资源,是中华文化遗产构成的重要组成部分。2014年习总书记视察江苏时作出了"要把红色资源利用好、把红色传统发扬好、把红色基因传承好"的重要指示,为南京红色文化资源保护和利用指明了方向。

说起红色文化,更多人想到的是中国共产党诞生地上海、嘉兴,红色摇篮井冈山,转折之城遵义,革命圣地延安这些地方,人们很难把南京这个长期作为国民政府、汪伪政权统治中心的城市与红色文化直接联系起来。但其实,南京人民具有光荣的革命传统,这座城市也在峥嵘的革命岁月中孕育了具有独特价值的红色文化。

南京是世界著名古都,在中国近代的革命史上有着举足轻重的地位。无论是中国共产党的成立初期,还是解放战争时期的诸多大转折,特别是国民党22年反动统治的崩溃,都在南京的历史长河里留下了深深的印记,也留下了得天独厚的红色文化资源和宝贵的精神文化财富。毛泽东主席在南京解放时写下"钟山风雨起苍黄,百万雄师过大江。虎踞龙盘今胜昔,天翻地覆慨而慷"的著名诗篇,抒发了中国共产党人带领人民欢庆南京解放的革命豪情。如果说上海中共一大会址和嘉兴南湖红船是我们党"开天辟地"的诞生地,那么南京则是党领导的革命斗争取得"天翻地覆"伟大胜利的见证地。

但是对于南京而言,红色文化资源虽丰厚,却湮没于"六朝古都"的风华中,更因顶着"国民政府首都"的头衔而被人们长期忽略。南京印象之于外地人,是六朝烟雨、秦淮绝艳与宏伟城墙,是总统府、中山陵和夫子庙,甚至大多数本地人,对南京红色文化的认知也不够深入和全面,雨花台上无数英烈抛头颅洒热血的事迹可能是其主要的印象。

经历了1个世纪的风雨侵蚀,南京很多红色文化资源已经自然风化、老化和损坏,特别是经过30多年快速城市化发展,不论是城市还是乡村地区,其历史环境都发生了很大的变化,不少红色文化资源已无迹可寻。目前,经中共南京市委党史工作办公室梳理确认的第一批165处红色文化资源中,多数资源依然处于"养在深闺人未识"的状态,还有部分红色文化资源仍然沉寂在乡村田野,仅能从党史、地方志资料中寻找点滴回忆。

近年来,南京市委市政府多次提出"提炼好、展示好、弘扬好城市红色文化""挖掘南京丰富的党史资源,大力传承弘扬雨花英烈精神,把红色基因一代代更好地传承下去""推动一批标志性红色文化工程的实施"等要求,2017年10月,中共南京市委宣传部、南京市规划局(原)联合中共南京市委党史工作办公室组织南京市规划设计研究院开展《南京市红色文化资源保护利用规划》编制工作。该规划以1921年中国共产党成立至1949年中华人民共和国成立为时间范围,以南京市行政辖区为空间范围,对各类红色文化资源点进行了详细的田野调查和史料整理,规划过程通过多轮次的联合会议讨论,保证了规划内容的历史真实性、政治正确性、用语准确性、成果规范性。

本书在《南京市红色文化资源保护利用规划》基础上进一步拓展研究。在研究理念上以城市文化复兴为前提,物质资源和非物质资源并重,坚持全面保护、系统保护和积极保护。在研究方法上借鉴国内外先进经验,对红色文化资源进行理性分析和科学评价,注重区域整体联动协调发展。在规划内容上,首先,基于南京红色文化资源的现状调查和史料整理,系统梳理了南京红色文化孕育、形成和发展的历史脉络和沿革;第二,全面总结了南京红色文化资源的价值和特色,确定了保护利用的目标和思路;第三,对各类资源进行理性分析和科学评价;第四,构建红色文化资源保护利用体系,全面、系统地保护利用红色文化资源,提出了具体的保护和展示利用策略与要求;第五,为迎接建党100周年,制订行动计划,对近期实施项目及与之配套的政策和保障机制提出了具体的建议。其技术路线详录见表。

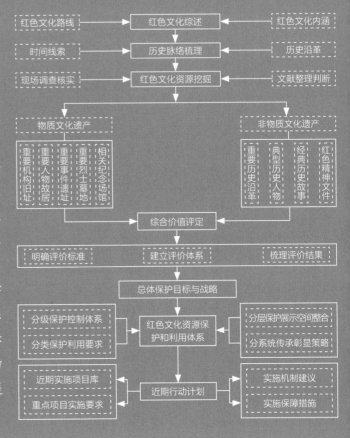

目 录

序 / 001

前言 / 001

第一章 "忆峥嵘岁月"——南京红色文化的形成与发展 / 001

  1.1 党组织在南京各区域的陆续建立 / 003

  1.2 大革命时期南京地区革命运动的迅猛发展 / 007

  1.3 白色恐怖下的顽强斗争 / 011

  1.4 抗战时期外围斗争与隐蔽战线的紧密结合 / 014

  1.5 里应外合、解放南京 / 017

第二章 "赞胜利之城"——独具价值特色的红色文化聚集地 / 021

  2.1 南京红色文化资源的特点 / 022

    2.1.1 南京是中国共产党革命斗争光辉历程的缩影 / 022

    2.1.2 南京是中国共产主义小组成立最早的城市之一 / 023

    2.1.3 南京集中体现了我党在革命斗争中的复杂性与危险性 / 024

    2.1.4 南京是中国近代工人运动与学生爱国运动的代表 / 026

  2.2 南京红色文化资源的价值 / 032

2.2.1 南京是新民主主义革命取得"天翻地覆"胜利的标志地 / 032

2.2.2 南京是"雨花英烈精神"的形成地 / 033

2.2.3 南京是开展爱国民主统一战线的重要阵地 / 035

第三章 "访红色印记"——南京红色文化资源的现状特征与问题 / 037

3.1 资源数量丰富,但保护面临挑战 / 038

3.2 遗存类型全面,但利用形式单调 / 045

3.3 空间全域分布,但缺少系统关联 / 049

3.4 时间跨度完整,但展示场所有限 / 055

3.5 地域特点鲜明,但影响力不突出 / 061

第四章 "借它山之石"——相关实践案例经验借鉴 / 063

4.1 侧重全域性、整体性保护利用的案例 / 064

4.1.1 京西、北地区组织抗战文化串联线路 / 064

4.1.2 延安市突出红色文化景观标识,组织长征文化线路 / 065

4.1.3 井冈山构建"多点开花"的保护利用空间格局 / 067

4.2 侧重红色文化与地区发展有机融合的案例 / 068

4.2.1 上海中共一大旧址带动街区文化复兴 / 068

4.2.2 嘉兴中共一大会址促进南湖地区持续更新发展 / 068

4.2.3 江苏泰兴印达村红色文化带动村庄建设和产业振兴 / 070

4.3 侧重多元展示利用的案例 / 071

4.3.1 美国珍珠港事件纪念遗址将两艘战列舰作为纪念馆的有机组成部分 / 071

4.3.2 以色列马萨达保卫战遗址通过现代视听技术再现当年战争场景 / 073

4.3.3 松山战役遗址以"真人老兵群雕"为核心展示远征军抗日精神 / 074

4.4 案例的启示与借鉴 / 075

第五章 "理评价体系"——南京红色文化资源评价体系研究 / 077

5.1 红色文化资源评价的思路 / 078
5.1.1 历史文化资源评价体系特点分析 / 078
5.1.2 红色旅游资源评价体系特点分析 / 081
5.1.3 红色文化资源评价思路 / 082

5.2 红色文化资源评价因子构成分析 / 083
5.2.1 历史文化价值 / 083
5.2.2 精神传承价值 / 084
5.2.3 资源本体条件 / 084
5.2.4 区位环境条件 / 086

5.3 确定评价因子权重 / 087
5.3.1 建立层次结构模型 / 088
5.3.2 构建目标层判断矩阵 / 088
5.3.3 构建综合评价层判断矩阵 / 089
5.3.4 确定指标权重 / 090

5.4 形成红色文化资源评价体系 / 091

5.5 南京红色文化资源评价 / 092
5.5.1 南京红色文化资源评价体系实践 / 092
5.5.2 南京红色文化资源综合价值评价 / 094
5.5.3 评价方法和结果总结 / 095

第六章 "定保护之策"——南京红色文化资源保护利用框架 / 097

6.1 保护利用目标与策略 / 098
6.1.1 保护利用目标 / 098

6.1.2 保护利用策略 / 099
6.2 保护利用框架 / 101
6.3 分级保护控制体系 / 102
　　6.3.1 指定保护 / 103
　　6.3.2 登录保护 / 107
　　6.3.3 规划控制 / 107
　　6.3.4 保护性展示 / 109
6.4 分类保护利用要求 / 110
　　6.4.1 红色建筑及建筑群 / 110
　　6.4.2 红色遗址、遗迹 / 111
　　6.4.3 纪念性设施 / 113
　　6.4.4 红色非物质文化 / 114

第七章 "展红色蓝图"——南京红色文化资源分层保护展示空间整合 / 117

7.1 市域保护利用空间结构的构建 / 118
　　7.1.1 南京市域空间格局的特征 / 118
　　7.1.2 南京红色文化资源空间分布的特点 / 118
　　7.1.3 南京红色文化资源市域保护利用空间结构 / 119
7.2 三大红色文化集聚区的线路串联 / 123
　　7.2.1 六合北部红色文化集聚区 / 123
　　7.2.2 主城红色文化集聚区 / 124
　　7.2.3 溧水—高淳红色文化集聚区 / 125
7.3 主题片文化环境的营造 / 127
　　7.3.1 雨花英烈片 / 127
　　7.3.2 长江路迎接解放片 / 129
　　7.3.3 汉口路—学府路学生爱国运动片 / 132

7.3.4 城南革命斗争片 / 133
7.3.5 下关工人革命斗争与渡江胜利片 / 135
7.3.6 两浦铁路工人革命斗争片 / 136
7.3.7 横山抗日斗争片 / 138
7.3.8 溧水李巷抗日斗争片 / 139
7.3.9 高淳西舍抗日斗争片 / 143
7.3.10 高淳淳溪抗日斗争片 / 145
7.3.11 竹镇——苏皖边区中心抗日斗争片 / 147
7.3.12 金牛山—桂子山战斗片 / 149
7.3.13 六合东部抗日斗争片 / 150

7.4 点状资源的图则化导控 / 151
7.4.1 总体保护要求 / 151
7.4.2 图则保护线与划定原则 / 152
7.4.3 已划定保护界线的红色文化资源点图则 / 154
7.4.4 未划定保护界线的红色资源点图则 / 154

第八章 "延红色基因"——南京红色文化资源分系统传承彰显策略 / 159

8.1 建立红色标识系统 / 160
8.1.1 资源点信息标识 / 160
8.1.2 片区地面指引标识 / 161
8.1.3 外围片区入口主题展示 / 161
8.1.4 社区、学校公共空间宣传展示 / 162

8.2 建设专题展示教育陈列馆系列 / 162
8.2.1 建设各级党史教育集中展示场馆 / 162
8.2.2 重大革命事件专题馆系列 / 163
8.2.3 革命英烈与名人馆系列 / 163

8.2.4　烈士墓地、陵园等祭奠纪念场所设施系列　/　163

8.3　组织各类宣传体验活动　/　163

8.4　新技术支撑与运用　/　165

第九章　"迎建党百年"——南京红色文化资源保护利用实施思路　/　169

9.1　夯实近期——近期实施总体思路　/　170

9.1.1　保护优先,公布保护名录　/　170

9.1.2　突出重点,落实近期项目　/　170

9.1.3　部门协同,形成联动机制　/　170

9.1.4　加强宣传,扩大南京影响　/　170

9.2　分步实施——近期保护利用的重点项目　/　171

9.2.1　高质量建设"两馆一园"工程,突出重点项目示范作用　/　171

9.2.2　高水平整合"二片一线"空间环境,营造红色文化氛围　/　173

9.2.3　高标准推进外围"一街、一山、三村"品质提升工程　/　174

9.3　实施保障——实施机制与保障措施　/　175

9.3.1　相关城市的经验借鉴　/　175

9.3.2　红色文化资源保护利用实施模式建议　/　177

9.3.3　红色文化资源保护利用实施机制与保障措施　/　179

附录　/　181

附表1　南京红色文化资源形成与演进汇总表　/　182

附表2　南京红色文化资源一览表　/　185

附表3　近期实施重点项目(建议)一览表及分布图　/　206

附图1　南京市域红色文化资源分布图　/　208

附图2　南京老城红色文化资源分布图　/　209

后记　/　210

第一章 "忆峥嵘岁月"

——南京红色文化的形成与发展[①]

从 1921 年到 1949 年的 28 年中,中国共产党带领南京人民进行了艰苦卓绝的革命斗争,南京的红色文化在其中逐渐孕育、发展。要整体而系统地保护、传承、利用南京的红色文化资源,对南京红色文化形成与发展的研究是重要基础性工作。本章结合既有史料,以重要时期、重要事件、重要遗存、重要空间、重要人物为主线,对南京红色文化的发展脉络进行了整理。

[①] 本章主要梳理了《南京人民革命史》《南京革命事典》《南京革命史大事记(1919-1949)》《南京红色印迹(1921—1949)》《中共南京历史画卷(1919—2011)》的相关内容。

1919年爆发的五四运动，唤醒了沉睡的中华大地。一大批知识分子主动肩负救亡图存的历史责任，探求改造中国的新方案。这股席卷全国的革命风暴，从一开始就汇入了南京人民反帝爱国斗争的强大力量。从五四运动开始，南京的红色文化逐渐形成并发展。自1922年南京建立中国共产党的党小组后，南京人民就在共产党领导下，开展了轰轰烈烈的革命斗争。在大革命时期，南京的工人运动、群众斗争此起彼伏，推动了大革命的洪流滚滚向前。土地革命战争时期，面对国民党反动派的血腥屠杀，南京人民不屈不挠，坚持斗争，促进了抗日救亡浪潮的不断高涨。在全民族抗日战争时期，南京在汪伪统治的心脏燃起了处处星火，和全国的抗日烽火连成一片，把日本帝国主义的妄想烧成灰烬。抗日战争胜利之后，中国面临着两种前途、两种命运的决战。南京的工人、学生、知识分子和各界民主人士，又在中国共产党的领导下，为争取和平民主，在各条战线上展开了规模浩大的斗争。1949年4月，南京地下党和工人、群众配合中国人民解放军渡过长江，解放南京，结束了国民党的统治。

面对丰富而特殊的南京红色历史和红色文化，本章在既有史料整理的基础上，系统性梳理了南京红色文化遗产的发展脉络与历史沿革。依据相关资料的划分标准，结合全国主要革命史实，南京红色文化发展的历史脉络大致可以划分为五个阶段。

表1-1 南京红色文化阶段划分一览表

阶段划分	时间划分	全国性重要标志与事件
中国共产党创立时期	1921.7—1923.6	1921年7月23日中国共产党第一次全国代表大会在上海召开
大革命时期	1923.6—1927.7	1926年，国共第一次合作北伐，推翻北洋政府 1927年，"四一二"反革命政变，国共合作失败，开启十年对峙
土地革命战争时期	1927.8—1937.7	1927年，南昌起义打响武装反抗第一枪 1928年，井冈山会师 1934年，中央红军开始长征，南方坚持游击队斗争 1936年，长征胜利
全民族抗日战争时期	1937.7—1945.8	1937年，卢沟桥事变，建立统一战线，国共二次合作 八路军、新四军长期抗日斗争 1945年，抗日战争胜利
全国解放战争时期	1945.8—1949.10	1948年，三大战役开始 1949年4月，南京解放 1949年10月，新中国成立

第一阶段,以中共一大召开、中国共产党建立为标志的中国共产党创立时期;第二阶段,以第一次国共合作、北伐推翻北洋军阀统治,及"四一二"反革命政变、国共十年对峙等重要事件为代表的大革命时期;第三阶段,以八一南昌起义、中央红军长征、南方坚持游击斗争为代表的土地革命战争时期;第四阶段以国共二次合作,建立民族统一战线,八路军、新四军长期抗日斗争为代表的全民族抗日战争时期;第五阶段,以三大战役胜利、南京解放为标志的全国解放战争时期。

图1-1 流传到南京的五四宣传品
资料来源:历史图片

1.1 党组织在南京各区域的陆续建立

南京的红色文化孕育于五四时期。1919年巴黎和会的外交失败,迅速推动了国内反帝爱国运动,掀起了五四运动。南京作为响应五四运动最早的城市之一,早在"五四"前几天,市内爱国者就着手筹备"五九"国耻纪念活动,并推举青年会代表温士珍为"国耻纪念筹备会"临时会长。南京"五九"国耻纪念活动是五四运动在南京的重要标志。

5月7日到8日,南京学生推派代表在鸡鸣寺召开全市中等以上学校学生代表会议,成立了国耻纪念筹备委员会,并决定5月9日各校学生一律着制服、执国旗,到小营(今珠江路东端)参加国耻纪念大会。9日清晨,

图1-2 "五九"国耻纪念活动章图
资料来源:历史图片

图 1-3 少年中国学会南京年会 23 名会员合影
资料来源：历史图片

1921 年 7 月，少年中国学会南京年会 23 名会员合影。右起，前排为杨效春、杨贤江、刘仁静、恽代英、蒋锡昌，二排为阮真、邰爽秋、高君宇、刘国钧、陈政，三排为张闻天、穆济波、方东美、李儒勉、沈泽民、王克仁，后排为陈启天、黄日葵、陈愚生、沈君怡、赵叔愚、邓中夏、左舜生。

他们手拿国旗和写有"大家奋起""快来救国""还我青岛""惩办国贼"等口号的小旗,举行国耻纪念大会。人力车夫和商界等劳动团体代表也参加了大会。

5月13日,南京高师、金陵大学、河海工程专门学校等中等以上学校举行南京学界联合会成立大会,此后,以应尚德、陶行知为正、副会长的南京学界联合会成为南京学界反日爱国运动的统一指挥中心;进而通过联络各界促进爱国运动发展,并将抵制日货运动推向高潮。

6月7日,在学生罢课、商人罢市之后,王荷波带领浦镇机厂工人罢工并游行,南京也实现了"三罢"。而军政两署为镇压此举,率警力抗压,爆发了震惊全国的"六七惨案"。在南京及全国各界的顽强抗争、联合施压下,中国代表最终拒绝在合约上签字,反帝反封建斗争也告一段落。

五四运动后,在张闻天、杨贤江、沈泽民、杨杏佛等主要先进知识分子的带领下,以南京学生联合会、少年中国学会南京分会等社团组织作为宣传阵地,迅速形成了一个秘密的马克思主义研究小组。南京学生联合会创办的《南京学生联合会日刊》登载的张闻天初期宣传马克思主义的文章是南京公开宣传马克思主义的开端。

随着马克思主义在南京的深入传播和发展,1922年秋,南京地区第一个党小组在浦镇建立,王荷波为组长,属中共北方区委领导。此后,党组织在南京逐渐发展壮大,1923年2月8日至9日,浦口党小组及南京党组织领导"二九卧轨"罢工斗争,充分展示了党领导的智谋和

图1-4 王荷波
资料来源:历史图片

王荷波是中国工人运动的先驱,1922年6月加入中国共产党。1927年10月18日,由于叛徒出卖在北京被张作霖逮捕。在狱中,他受尽酷刑,坚贞不屈,牺牲前唯一的嘱托是,请求党组织对他的子女加强革命教育,千万别走和他相反的道路。11月11日深夜,被杀于北京安定门外箭楼西边。

王荷波从参加革命到英勇牺牲共11年,有7年在南京浦口,创建与领导了南京地区第一个工会——南京浦镇机厂工会和第一个党小组——浦口党小组。在中共五大上,王荷波当选为第一任中共中央监察委员会(即中央纪委前身)主席,是中国共产党早期领导人之一。

组织的团结有效。

在此时期,南京红色革命活动以集会、游行为主要斗争方式,以两浦、下关为中心的工人运动和以梅庵为中心的学生运动为主导,实现了党、团组织在南京各区域的陆续建立和发展。

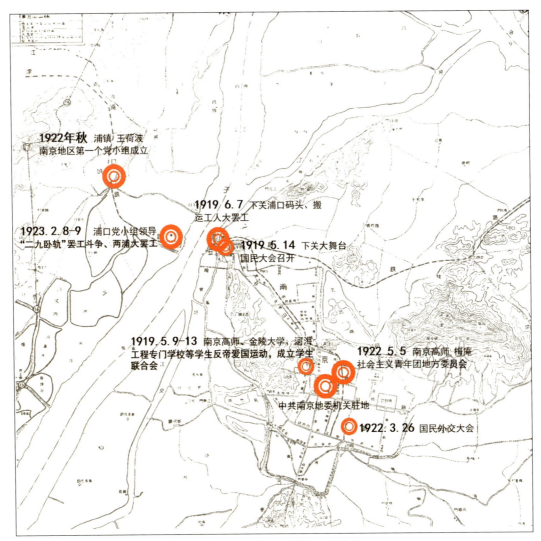

图1-5 中国共产党创立时期南京革命及红色资源分布图 资料来源:笔者绘

1.2 大革命时期南京地区革命运动的迅猛发展

1923年6月,中国共产党召开的第三次全国代表大会确定了"国共合作"方针。1923年11月8日,中共南京地方执行委员会获批,并于同年12月正式成立,归上海地方兼区执行委员会领导。中共南京地执委通过建立数十个社会团体宣传马克思主义、加强思想建设,其中最著名的是1924年1月13日在梅庵成立的南京社会科学研究会。

1923年底,为落实"国共合作"方针,根据上级的指示,南京全体共产党员、青年团员以个人名义加入了国民党。为进一步在国民党内开展工作,1924年初,南京国民党在第二次全市国民党党员大会后,决定建立区分部,在区分部巩固扩大的基础上,于1924年先后成立以东南大学为中心的第一区党部、以第一工业专门学校和第一中学为中心的第二区党部、以建邺大学为中心的第三区党部,奠定了建立市党部的组织基础。随后,在国共两党组织领导下发起了国民会议运动。1925年初,中

图1-6 国立中央大学(国立东南大学)旧址 资料来源:历史图片

共南京党小组改为南京党支部,宛希俨任书记。

1925年上海"五卅"惨案后,中共南京党支部负责人宛希俨、曹壮父紧急召开会议,决定立即行动,声援上海同胞,掀起一系列反帝爱国声援活动。6月1日起,东南大学等各大、中学校纷纷罢课并建立后援会。同天,工商学各界于东大体育馆召开联席会议建立国民外交协会,激起全城声援上海人民的斗争。5日起,和记洋行开始为期42天的罢工游行。此后全国工、商、学、兵联合反对帝国主义的大军逐渐形成。在南京,公共体育场、秀山公园等地成为主要的革命活动地。

7月31日,英帝国主义在下关和记洋行无理行凶酿成"七三一"惨案,此次事件唤醒了全国人民,教育了广大学生和青年工人。一大批南京青年开始接受马克思主义,接受反帝反封建的政治纲领,走革命道路,为迎接第一次大革命的到来,做了思想、组织方面的准备。

在北伐战争时期,中共南京地委、市党部领导南京人民英勇斗争。1926年,谢文锦接任中共南京地委书记。1926年8月26日,在地委职工运动委员会的领导下,南京各业工人于浦口成立南京工人代表大会。为配合北伐战争,军委工作由文化震带领负责,秘密派工人前往金陵机器制造局。1927年3月,谢文锦组织并于江南贡院明远楼成立南京第一个总工会和工人纠察队,随后南京各界工会迅速发展。这一时期,公共体育场成为中共南京地方组织领导开展革命活动的主要根据地。

图1-7 宛希俨
资料来源:中共南京市委宣传部中共南京市党史工作办公室.南京红色印迹(1921—1949).南京:南京出版社,2018.

20世纪20年代初期,南京高等师范学校暨东南大学曾是革命活动的重要阵地。校内梅庵、操场、大礼堂、图书馆等场所曾发生过许多重大历史事件。在校学生谢远定、吴肃(吴亚鲁)、宛希俨等都是建党初期的共产党员,为南京地区党、团组织的建立和爱国学生运动的发展作出重要贡献。国民党定都南京后,中央大学虽是国民政府的最高学府,直接受控于国民党当局,但是广大师生发扬五四革命传统,积极投身于抗日民主运动,成为南京地区爱国学生运动的主力军。

图1-8　1920年代的江南贡院明远楼——南京第一个总工会成立地
资料来源：历史图片

　　江南贡院不仅是现存保护最好的中国古代科举考场，而且是南京第一个总工会的诞生地。1927年国民革命军北伐光复南京后，中国共产党积极组织人民群众，组建各行各业工会。3月25日，在江右军和中共南京地委书记谢文锦的领导下，200多名基层工会代表参加南京工人代表大会，宣布南京市总工会成立。大会选举出执行委员会，同时成立工人纠察队，由共产党员程镛之任总指挥，总工会和工人纠察队办公机关设在明远楼。昔日的科举考场，成为南京工人运动的中心。在市总工会的领导下，南京工人运动就在这里被推向高潮。当时南京老百姓常说："有事就去明远楼。"明远楼在老百姓心中就像娘家，遇到什么难事只要找到明远楼，找到总工会，就会有热心人帮忙解决。

　　正当革命形势迅猛发展的时刻，蒋介石派其心腹温建刚任南京市公安局局长。4月6日，温建刚颁布禁止人民集会、结社、游行的法令，其后连续两次来明远楼要求解散总工会。4月9日下午，蒋介石突然来到南京，指使手下突袭明远楼，总工会所有文件财物被抢劫一空。4月10日，温建刚组织数百名流氓打手，对共产党员和进步群众举起屠刀，明远楼见证了这一悲壮时刻。

1927年4月10日,南京市民肃清反革命派大会召开,却遭反动派扰乱,造成死伤。当晚,中共南京地委在其联络点大纱帽巷10号召开紧急扩大会议,又遭围捕,谢文锦、侯绍裘等同志被捕,后于九龙桥牺牲。蒋介石导演的南京"四一〇"惨案标志着北伐时期南京人民革命运动被镇压。4月18日南京国民政府的成立使得南京成为国民党反动统治中心。

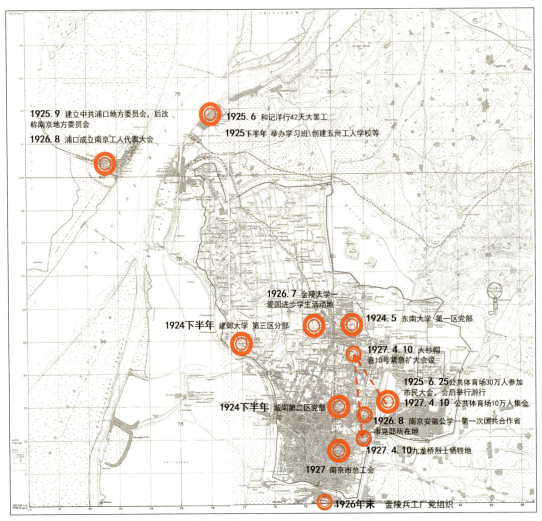

图1-9 大革命时期南京革命主要事件及红色资源分布图 资料来源:笔者绘

1.3 白色恐怖下的顽强斗争

1927年11月,南京地区第一个农村党支部——中共九袱洲支部由共产党员宋震寰等在浦口成立。1927年12月4日,在浦镇旁边的山上召开中共南京市第一次代表大会,孙津川为临时主席,其居住地北祖师庵49号常为会议地点。1928年5月,在浦口江边芦苇荡召开第二次党代会;同年7月,孙津川惨遭埋伏被逮捕,10月,被杀害。仅1928年9、10月间就有37名中共党员干部在雨花台就义,其中有7位市委委员,南京党组织被严重破坏。

图1-10 孙津川 资料来源:历史图片

1928年3月,孙津川被党组织派往南京担任中共南京市委书记。在此之前,南京地下党组织已经遭受了两次大破坏。在孙津川领导下,南京地区很快恢复和建立了基层工厂7个党支部,发展党员100多人。

1928年10月6日凌晨,孙津川等共产党员被一队宪兵口塞毛巾,用黄包车拉向雨花台。这时,南宝塔根一带的许多百姓闻讯都赶来看孙津川等人最后一面。孙津川趁宪兵拽下他口中的毛巾,大声向群众高喊:"杀了我一个,还有十个,杀了十个,还有百个,千千万万的革命者是杀不完的。共产党万岁!"宪兵慌忙将一条毛巾塞进他的口中。到雨花台刑场后,他被残忍杀害,牺牲时,年仅33岁。

图1-11 江北新区顶山街道西山——中共南京市第一次代表大会遗址
资料来源:历史图片

1927年12月,中共南京市委在浦镇附近的小山上召开第一次代表大会,出席会议的代表和市委委员共25人,会议由孙津川主持。大会听取了党务报告,讨论中共中央临时政治局关于《中国现状与共产党任务决议案》,并根据中共江苏省委关于组织全省暴动计划的紧急决议案,确定把武装暴动作为目前工作的重点。

图1-12 珍珠桥旧影　资料来源：历史图片

全国学生抗日爱国运动珍珠桥惨案旧址位于珠江路与太平北路交叉路口西侧。九一八事变后，全国学生酝酿用示威游行的形式来推进抗日运动。1931年12月17日，全国各地赴南京请愿要求抗日的学生代表，同南京学生共1万余人，联合举行示威游行。游行途中愤怒的学生捣毁了中央日报社报馆。早有准备的国民党南京警备部队和警察打伤30余人，抓捕60余人。上海文氏英文专科学校学生杨同恒（共青团员）被刺伤后落入珍珠河里，壮烈牺牲。此事件史称"珍珠桥惨案"。事发后，宋庆龄、鲁迅、沈钧儒等各界爱国人士纷纷谴责国民党当局的残暴行径，支持学生爱国行动。珍珠桥惨案激起了全国人民的愤慨，各地学生和爱国群众纷纷举行抗议活动，掀起了反对国民党统治、反对内战、要求抗日的高潮。

1929—1930年，和记洋行工人反抗压迫，进行第二次为期52天的大罢工。1930年4月3日，和记工厂失业工人遭暴徒袭击，发生了震惊全国的"四三惨案"。1930年5月至11月，在组织暴动、罢工和散发传单活动中先后多名党员被捕遇害，南京共产党组织第六次被破坏。九一八事变后，南京进入抗日反蒋高潮，12月17日，示威游行的学生及群众在珍珠桥附近惨遭血腥镇压。1932年2月至1933年2月，九一八事变之后发展起来的南京中共地下组织遭到第七次破坏。

在北郊燕子矶劳山脚下，由陶行知创办的中国第一所试验乡村师范学校——南京晓庄师范成为革命温床。与此同时，1933年，南京读书会于成贤街无锡同乡会王昆仑住处成立，传播革命思想、组织革命活动。

这一阶段，党组织活动转入地下，涌现了诸多地下革命活动。1931年4月，在正元实业社，我党情报人员钱壮飞智谋保卫了中共中央、江苏省委和共产国际远东局机关的安全。此外，共产党员在监狱与国民党反对派进行了坚强抗争，包括中央军人监狱、江苏第一监狱等重要场所。外围及农村也积极建立党支部，如六合、高淳等地。

图1-13 土地革命时期南京革命主要事件及红色资源分布图 资料来源：笔者绘

图1-14 新四军第一支队司令部旧址原貌 资料来源：历史图片

1938年，正当日寇深入我国境，中华民族处于生死存亡的紧急关头，党中央指示新四军挺进苏南敌后，发动群众，独立自主地开展游击战，建立以茅山为中心的苏南抗日民主根据地。

在进行了充分的战略侦察后，1938年5月中旬，新四军第一支队（下辖两个团，2300余人）在司令员陈毅、副司令员傅秋涛的率领下，从皖南岩寺向苏南进发，开始了东进抗日的序幕。

高淳，是他们进入苏南地域的第一站。老街上的吴氏祠堂，成了新四军第一支队司令部，而战士们则分驻于淳溪镇及其附近的东甘、肇倩、姜家、南塘等村庄。

"芦苇丛中任我行，星星渔火水中明。步哨呼觉征人起，欣然夜半到高淳。"陈毅元帅的《东征初抵高淳》，在描绘水乡风情的同时，也烘托出了新四军抵达高淳即将与日寇激战的紧张气氛。

1.4 抗战时期外围斗争与隐蔽战线的紧密结合

1937年7月7日，以卢沟桥事变为开端，日本发动了全面侵华战争，中国上下各界掀起了全国抗日救亡运动的高潮。同年9月22日，蒋介石政府公开发表了《对中国共产党宣言的谈话》，与中国共产党共同建立了抗日统一战线，这标志着第二次国共合作正式达成。经过长期艰苦的抗日斗争，1945年，抗日战争胜利。

在全民族抗日战争时期，新四军在南京南、北分片英勇斗争，抗日政府与机构纷纷建立。新四军成立后，粟裕带领先遣支队进驻南京江宁、溧水等地，并在溧水新桥会师。随后第一支队、第二支队在江宁、溧水、高淳进行了大量斗争。在南京南部成立横山县抗日民主政府、溧高县抗日民主政府。

1939年后，罗炳辉带领新四军第五支队进入六合县（今六合区）境内。与当地军民建立多个抗日政府，如六合县抗日民主政府、竹镇市抗日民主政府。

在城内，主要以八路军驻京办事处系列活动、地下活动与隐蔽战线为主。主要包括八路军驻京办事处审查和转送释放政治犯，中央大学学生党组织活动、中央商场读书会、下关及浦镇工人党组织恢复和发展。隐蔽战线主要包括了以小火瓦巷为根据地的中共中央社会部上海情报站南京情报组系列活动、革命战士徐楚光的英勇事迹。

图1-15　八路军驻京办事处旧址（青云巷41号）　资料来源：历史图片

八路军驻京办事处旧址共有三处，分别位于鼓楼区青云巷41号（原傅厚岗66号）、高云岭29号（原高楼门29号）、西流湾1号。

抗日战争全面爆发前后，在中国共产党倡导下，国共两党为建立抗日民族统一战线，实现合作抗日，进行了长期会谈。1937年7月7日，卢沟桥事变爆发。8月9日，周恩来、朱德、叶剑英应邀到南京代表中共中央和红军参加国防会议，同时继续与国民党当局谈判，协商将红军改编为八路军、新四军。8月19日，周恩来和朱德离宁赴陕，叶剑英等人以八路军驻京代表身份留在南京组建八路军驻京办事处，并先后在傅厚岗、高云岭觅得两处住所，作为办事处办公及生活用房，后因住房不够，办事处在西流湾1号租下了一排平房作为宿舍兼办公用房。八路军驻京办事处是中国共产党领导的军队在国民党统治区设立的第一个公开办事机构。

八路军驻京办事处，自1937年8月中旬设立，至同年11月中旬因时局紧张撤离南京，虽然只有三个多月的时间，却担负了繁重的任务，做了大量工作。在推进国共合作、宣传我党我军的抗日主张，营救政治犯和恢复、组建党的组织方面发挥了重要作用。党内外很多知名人士在此工作和居住过。董必武、叶挺、项英等同志在南京时，在此住过。

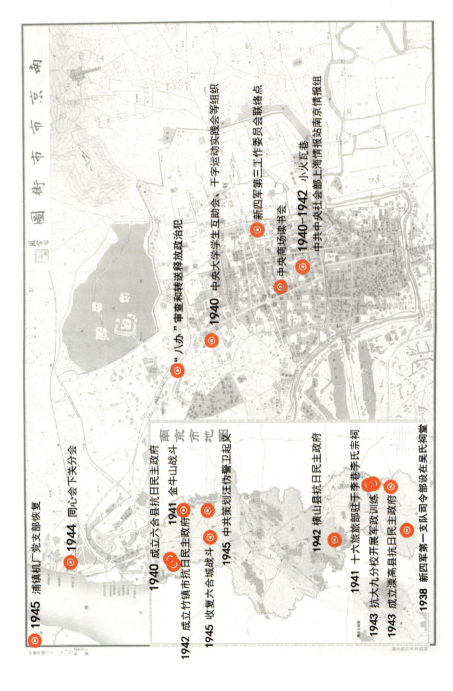

图 1-16 全民族抗日战争时期城内南京革命主要事件及红色资源分布图　资料来源：笔者绘

1.5 里应外合、解放南京

抗日战争胜利后,国民党顽固坚持一党专政,1945年8月重庆谈判时国民党虚与委蛇,采用"假和平、真内战"的策略,双方通过《双十协定》。然次年国民党就大举进攻中原解放区,这也标志着全面内战的爆发。至1949年1月,三大解放战役取得全面胜利,国民党主力部队基本被消灭。1949年4月,解放军百万雄师横渡长江,解放了南京,基本宣布了国民党反动统治的覆灭。

图1-17 1949年毛泽东阅读南京解放的报纸 资料来源:历史图片

图1-18 梅园新村30号 资料来源:历史图片

在全国解放战争时期，南京地区就积极争取和平民主解放。1946年5月至1947年3月，中国共产党代表团在梅园新村与国民党政府进行了长达10个月零4天的谈判，在这里与民主人士建立了深厚的友谊。

在这一阶段，各行各业开展罢工罢课的运动。1947年5月20日，以中央大学学生为主体的南京热血青年高呼"反饥饿、反内战、反迫害"的口号走上街头，运动迅速席卷全国，开辟了与当时人民解放军的军事斗争相配合的第二条战线。南京各行各业诸如电信局、公交系统、三轮车、报界印刷工人开展联合大罢工，与此同时，两浦铁路工人进行"七二"大罢工。1947年11月小学教师协进会成立，1948年新生小学发生抗暴事件，进行罢课。

图 1-19 "五二〇"运动中，学生在书写标语
资料来源：中共南京市委党史工作办公室.中共南京历史画卷(1919-2011).南京：南京出版社，2011

图 1-20 "五二〇"运动中，国民党宪警挡住示威游行的学生队伍
资料来源：中共南京市委党史工作办公室.中共南京历史画卷(1919—2011).南京：南京出版社，2011.

1947年5月20日，南京、上海、苏州、杭州地区16所专科以上院校学生6000余人汇集南京，举行"反饥饿、反内战、挽救教育危机"的联合大游行。当游行队伍向正在举行国民参政会的国民大会堂进发时，遭到国民党宪警的镇压，被打伤的学生有100多人，重伤19人，20多人被捕。同日，天津南开、北洋两校的游行学生，也遭到特务殴打，多人受伤。南京、天津的流血事件便是震惊中外的"五二〇"惨案。

惨案发生后，在中国共产党的领导下，学生们提出了"反迫害"的口号，运动向着"反饥饿、反内战、反迫害"的目标发展，并迅速扩展到60多个大中城市，同工人罢工、教员罢教等各阶层人民的斗争汇聚到一起，形成了反对国民党统治的第二条战线，加速了国民党统治的崩溃。5月30日，新华社播发了毛泽东就"五二〇"学生运动撰写的评论文章《蒋介石政府已处在全民的包围中》。

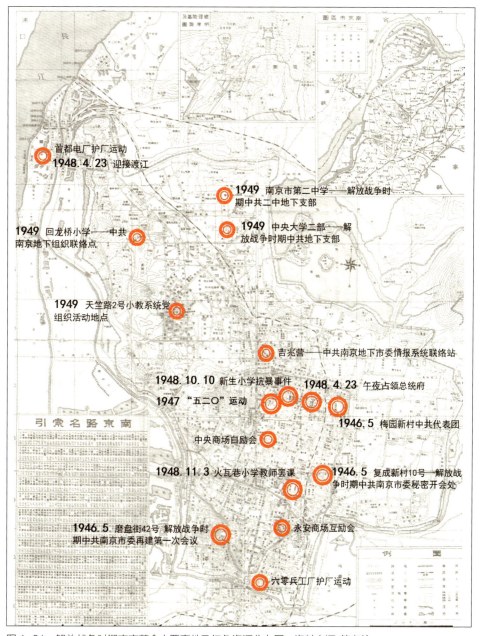

图 1-21　解放战争时期南京革命主要事件及红色资源分布图　资料来源：笔者绘

此外，为反对搬迁，各行各业进行护厂护校护店系列活动，包括无线电厂、农业机械场、浦镇机厂、首都被服厂、永利铔厂、首都电厂、六零兵工厂、中央大学、国立政治大学等；各大商场也进行革命活动，如永安商场、中央商场、太平商场等开展自励会、互励会、厂商联谊会等。

解放前夕，中共南京地下市委为解放南京作出了大量贡献，保住了大量的民生设施。1949年4月20日，解放军按照《向全国进军的命令》强渡长江；4月23日晚，第三野战军占领南京，宣告蒋家王朝的败亡，南京拉开了中国近代史上最重要的转折大幕，预告了新中国的诞生。

南京地区红色文化资源形成与演进详见附表1。

第二章 "赞胜利之城"

——独具价值特色的红色文化聚集地

南京是最早成立了党组织的城市之一,从五四运动到解放战争,工人、学生、新四军、市民、农民等不同阶层在南京进行了不同形式的革命斗争,她见证了中国共产党开展革命并取得胜利的全过程。在共产党领导下南京人民进行的革命斗争,持续时间长、类型多样,反映了南京在新民主主义革命各个时期的全面性特色。南京长期作为国民政府首都,隐蔽战线与地下斗争是南京红色文化的显著特征,党组织多次遭受破坏,无数先烈前赴后继、英勇就义,其革命斗争的持续性、隐蔽性、艰难性与危险性是其他城市不可比拟的。而南京解放则拉开了中国近代史上最重要的转折大幕,标志着国民党在大陆统治的崩溃,预告了新中国的诞生。

2.1 南京红色文化资源的特点

2.1.1 南京是中国共产党革命斗争光辉历程的缩影

南京的红色文化资源能集中反映从五四运动、中国共产党成立到 1949 年南京国民政府覆灭的新民主主义革命史。纵观全国,南京红色文化资源在时间上与类型上的全面性都是其他城市少见的。

上海的红色文化资源集中体现了中国共产党创立早期的重要价值,是中国共产党的诞生地、新文化运动的承接地和早期工人运动的发祥地。井冈山和瑞金的红色文化资源集中在土地革命时期,以

图 2-1　南京与各时期全国革命历程关联性示意图　资料来源:笔者整理绘制

工农红军的相关史迹为特色,是"红色摇篮"和"红色故都"。延安的红色文化资源集中形成于抗日战争时期至解放战争早期,以"延安精神"为突出代表,是最重要的革命根据地之一。重庆的红色文化价值特色则可以概括为抗战时期的"红岩精神"。

而南京作为中国革命史上最重要的城市之一,从红色文化资源的形成与演进看,有南京第一个总工会旧址——江南贡院明远楼、两浦铁路工人"二七"大罢工指挥所旧址等(工人运动),国立东南大学梅庵、珍珠桥、钟英中学等(学生运动),中共南京地区第一个农村党支部旧址等(农民斗争),新四军第一支队司令部旧址等(武装斗争),中共南京铁路地下党支部旧址、溧水县党的地下交通总站等(地下斗争),中国共产党代表团办事处旧址等(公开斗争),国民党海防第二舰队起义旧址等(兵运)大量历史遗址,时间跨度完整、类型全面丰富,可谓是中国共产党革命斗争光辉历程的缩影。

2.1.2　南京是中国共产主义小组成立最早的城市之一

南京最早的红色资源可以追溯到五四运动时期在南京创办的《南京学生联合会》。《南京学生联合会日刊》登载的张闻天(就读于河海工程专门学校)宣传马克思主义的文章,是南京公开宣传马克思主义的开端。

据相关文献记载,南京在 1921 年 5 月已经有党的组织活动。《中共中央文件选集》第一册刊登的 1921 年 6 月 10 日《张太雷在共产国际第三次代表大会上的书面报告(节译)》中称"截至今年五月一日止,中国共产党已经有七个省级地方党组织,它们是:1. 北京组织;2. 天津组织及其唐山站分部;3. 汉口组织;4. 上海组织;5. 广东组织;6. 香港组织;7. 南京组织。它虽是最年轻的组织,但已经同周围工人建立了牢固的联系。"[①]

1921 年五一国际劳动节,南京进步学生在城内散发传单,

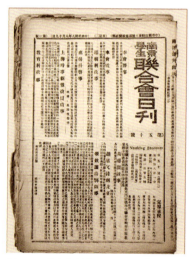

图 2-2　《南京学生联合会日刊》
资料来源:历史图片

---

① 朱翔. 新民主主义革命时期南京党史基本问题的建设与思考 [J]. 党史博采(理论),2017,516(4):11-13.

宣传劳动神圣，鼓动工人罢工。经过中国劳动组合书记部北京分部、上海党组织的帮助，浦口、南京小组先后成立。南京的红色文化资源印证了南京是中国马克思主义传播和共产主义小组成立最早的城市之一。

2.1.3 南京集中体现了我党在革命斗争中的复杂性与危险性

作为国民政府的首都，南京被称为"虎穴"，地下斗争具有极高的危险性。1927年发生"四一〇"惨案，南京党组织第一次遭到严重的破坏，到1934年8月，南京党组织共经历了八次大的破坏，市委领导接续牺牲在雨花台，但每一次破坏后，都能够克服万难，坚强恢复，无数先烈为此前赴后继、英勇就义。特别是抗战胜利后的1946年，华中分局根据中央指示精神，派遣陈修良赴南京恢复党组织工作时的壮行诗："男儿一世当横行，巾帼岂无翻海鲸？欲得虎子须入穴，如今虎穴是金陵。"充分体现了革命先贤坚贞不屈、不畏牺牲的精神品质。

钱壮飞是中国共产党早期在隐蔽战线斗争的代表，周恩来曾把他与李克农、胡底并列为我党情报工作的"龙潭三杰"。全国解放后，周恩来曾经多次谈到钱壮飞和李克农、胡底打进国民党最高特务机关后对党作出的巨大贡献。他曾说：如果没有"龙潭三杰"，我们这些人早就不存在了。

正是因为钱壮飞在南京得知顾顺章叛变后，及时传回了消息，才挽救了在上海的党组织。当时幸免于难的我党重要领导人有：周恩来、瞿秋白、王明、博古、邓颖超、邓小平、陈云、陈赓、聂荣臻等。

图 2-3 "龙潭三杰"左起钱壮飞、李克农、胡底　资料来源：历史图片

图 2-4　正元实业社遗址——钱壮飞革命斗争地　　资料来源：历史图片
（此图为民国时期中央饭店，其主建筑右侧二层的木质小楼为正元实业社）

民国时期，在中央饭店主建筑东侧，有一座二层的木质小楼，里面有一家卖无线电设备的商店——正元实业社。表面看这是一家商店，实际上是国民党中统前身——国民党中央组织部党务调查科设在中央饭店的情报站，用以监视进出中央饭店的众多达官贵人。1931年4月，正元实业社曾上演民国谍战风云，我党的情报人员"红色特工""龙潭三杰"之一的钱壮飞在这里冒死救党。

1931年4月24日，中共中央特科负责人顾顺章因违反保密纪律，在汉口街头卖艺时被国民党军警特务抓捕。在审讯时，刑具还没用上，他就叛变了。邀功心切的国民党武汉特务组织，在将顾顺章解往南京的同时，连续向南京国民党中央调查科发了六封绝密电报，汇报情况。

由于恰逢周六，徐恩曾正在上海度周末，情报转到了机要秘书钱壮飞的手中。钱壮飞破译后大惊失色，电文显示：顾顺章已在武汉被捕投降，正押来南京，届时他将面见蒋介石，亲口交代上海党中央机关和所有中央负责人的住址。

这是中共中央最危险的时刻。千钧一发之际，钱壮飞立即安排交通员前往上海，将情报送到李克农手中。李克农丝毫不敢耽误，急忙与党中央取得联系。根据这一情报，周恩来立即组织党中央转移，并废除了顾顺章知道的全部暗号和接头方法。李克农、钱壮飞和胡底三位功勋卓著的"潜伏者"，也悄然撤出"龙潭虎穴"，回到了党的队伍中。

1931年4月28日清晨，上海，一场针对中共中央的血色大网迅速拉开，大批军警和特务冲进了中共在上海的几十处秘密机关。但他们面对的，皆已是人去楼空的景象。

这场惊心动魄的转移，注定将被载入历史。

南京地区的中共地下党组织深处国民政府、汪伪政权统治的核心区域,他们冒着极大的生命危险,机智勇敢,忠诚党的事业,出色地完成上级党组织交给的各项任务,为党组织的安全与发展发挥了至关重要的作用。

因此,南京的红色文化资源集中体现了我党在革命斗争中的复杂性与危险性,是区别于其他城市的重要特征之一。

表 2-1　中共南京党组织遭受八次严重破坏一览表

次数	时间	简要过程
1	1927 年 4 月 10 日	南京"四一〇"反革命事件
2	1927 年 6 月 29 日、7 月 5 日	6 月 29 日因保密不严,团地委机关遭破坏,7 月 5 日党地委机关高家酒馆 6 号遭破坏
3	1928 年 5—7 月	由于叛徒出卖,党在浦口的接头机关被破坏,5 月第二次党代会遭破坏,7 月孙津川等市委负责人被预伏特务逮捕
4	1929 年 5 月	由于叛徒出卖,军委系统 32 人被捕
5	1930 年 4 月底	共青团南京市委委员梁公弼等在散发传单时被捕,后市委书记王文彬等人受牵连被捕入狱
6	1930 年 5—11 月	在组织暴动、罢工和散发传单活动中先后多名党员被捕遇害
7	1932 年 2 月—1933 年 2 月	由于执行错误的"左"倾路线和叛徒的出卖,中共南京地下党组织被全部破坏
8	1934 年 4—8 月	江苏省委被破坏,南京市委负责人顾衡于 8 月 4 日被捕,12 月就义于雨花台。众多共产党员被迫离开南京或与组织失去联系

2.1.4　南京是中国近代工人运动与学生爱国运动的代表

近代以来的南京,是一座典型的消费城市[①],生产型企业虽不如上海、武汉等城市集中,但浦镇机厂、和记洋行、金陵机器制造局、江南水泥厂等少数大企业具有重要的行业代表性,它们生产规模大、产业工人多,且受压迫和剥削程度深,成为近代南京工人运动发展壮大的必要条件。

---

① 朱翔. 新民主主义革命时期南京党史基本问题的建设与思考 [J]. 党史博采(理论),2017,516(4):11-13.

浦口（含浦镇）是津浦铁路的终点，随着津浦铁路的通车、浦镇机厂的兴办和浦口码头的对外开放，两浦地区迅速繁荣起来，那里聚集了铁路、航运、码头、电力等行业的数千名产业工人。其中，浦镇机厂的产业工人数量最多，工人们深受剥削和压迫，五四运动爆发后，爱国学生和进步人士与两浦工人接触，浦镇机厂成了南京共产主义宣传运动的重要基地。

1919年5月20日，两浦工人参加了声援五四运动的浦镇国民大会及游行示威，由此两浦的工人阶级登上了政治舞台，王荷波在这场运动中发挥了重要作用。

1921年3月，王荷波领导浦镇机厂工人成立了中华工会，开始了反对英人总监布拉克暴虐统治的斗争。

1922年秋，经过多方努力，南京浦口党小组率先成立，由中共北方区委领导，王荷波任组长，这是南京地区最早的党组织。

1923年2月8日，为声援京汉铁路大罢工，两浦铁路工人举行罢工。9日，当机务段长收买货车司炉担任司机牵引客车北上破坏罢工时，王荷波带领几百名工人阻拦，许多工人横卧在铁轨上，迫使列车停开，津浦南段交通中断。这次斗争显示了党组织的重要领导作用，打击了军阀的气焰，是中国近代铁路工人运动的标志和符号。

在南京城北，自1925年起，南京和记洋行也成了南京最重要的工运基地之一，和记洋行的工人运动在近代工人运动史研究中具有典型而重要的学术价值。

1925年和记洋行工人声援"五卅运动"的罢工是近代

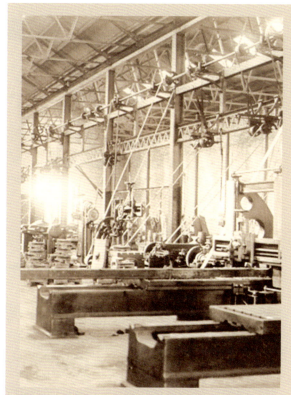

图2-5　民国初年的浦镇机厂　资料来源：历史图片

图2-6 浦口区顶山镇浴堂街34号——两浦铁路工人大罢工指挥所 资料来源:历史图片

图2-7 两浦铁路工人大罢工卧轨处 资料来源:历史图片

浴堂街34号曾经是浦厂附近唯一的浴室,1923年2月,中国早期工人运动领袖王荷波在此领导工人声援和呼应京汉铁路工人的"二七"大罢工。

1923年2月6日,王荷波召开两浦地区(浦口、浦镇)铁路中共党员、工会骨干会议,讨论如何声援京汉铁路总工会,同时支持港务处工会的斗争。会议决定,浦口、浦镇全体铁路工人于1923年2月8日带头罢工,并向路局提出加薪、增加假期等八项要求。

2月8日凌晨,港务处"澄平""陵通"两艘过江轮渡首先罢工。正午,机务处全体工人罢工。由于浦口机务段工会会长被收买,未参与罢工,王荷波连夜派人前往浦口机务段,将252号机车开到总道岔前,堵死机车出库的通道,整个津浦铁路南线基本瘫痪。2月9日,距离除夕还有6天。浦口火车站内,人头攒动,旅客背着重重的行囊,焦急等候列车。浦口机务段段长张殿也万分焦急,客车没有机车牵引,旅客只能滞留。束手无策时,一列从蚌埠来的运煤货车引起张殿的注意。张殿买通司炉,叫他用货车车头牵引客车北上。火车刚开出浦口站,一个电话便打到了浦口工会。王荷波当即率领几百名工人高举红旗,跑步前往浦镇车站南首,挡住列车去路。"打倒军阀!""坚决不让火车开出去!"工人的高呼没能挡住前行的火车。几位老工人见状,带头脱掉上衣,横卧在冰凉的铁轨上。很多工人也跟随着卧倒,决心以鲜血和生命坚持罢工斗争。司炉被迫紧急刹车,工人们立即包围住机车。王荷波指挥工人将列车开进浦镇车站,并给车上旅客准备饭食,向他们宣传罢工斗争的意义,得到了旅客的同情和支持。

卧轨斗争惊动了江苏督军齐燮元,当天下午,齐燮元派旅长吴洪赞带领两营士兵前往浦镇镇压。一时间,位于浴堂街34号的罢工指挥部被荷枪实弹的士兵包围。工人们也在党小组领导下迅速集聚,在指挥部前昂首挺胸,怒目而视。被逼之下,吴洪赞与铁路局车务处处长李显庭只能徒手进指挥部谈判。一见面,李显庭便指责王荷波等人"断绝交通,损坏国产"。王荷波据理力争,以私自开枪、压迫工人等强硬回击。一番唇枪舌剑后,吴洪赞、李显庭败下阵来,无言以对。王荷波斩钉截铁地提出八项复工条件并说明理由。李显庭无奈,只好打电报向路局局长请示。局长回电,只能接受部分条件。

恰在此时,"京汉铁路罢工工人遭到血腥镇压"的消息传到指挥部。复工还是继续斗争?王荷波立即召集工人代表到后屋开会,冷静地分析道:一方面,春节临近,大量旅客滞留浦口;另一方面,斗争已经取得胜利,如果继续罢工,可能让工人流血牺牲,不如保存革命力量。王荷波的建议得到了支持,震惊全国的两浦铁路工人"二七"大罢工正式结束。复工后,路局给工人加薪一成,逢年过节放假发给一半工钱,还答应给各路联运免费票。

这次罢工,是中国共产党领导的南京工人第一次罢工,有力地打击了反动气焰,给予京汉铁路工人罢工斗争声援和呼应,同时,避免了一场流血惨案,保存了两浦地区的革命力量。

中国工人运动的典型范本。运动唤醒了全国各地的人民，教育了广大青年学生和青年工人，一大批青年接受了马克思主义，接受了反帝反封建的政治纲领，走上了革命的道路。运动后期，南京党、团组织不断壮大，同年9月中共浦口地方委员会成立，不久后改称为中共南京地方委员会。

中国工人运动早期领袖邓中夏高度评价这次罢工是"南京反帝国主义运动最壮烈的一举，给予各地影响不小"。

图2-8 民国初年的和记洋行　资料来源：历史图片

和记洋行是1913年由英国人韦斯特兄弟在下关宝塔桥地区开办的猪牛羊宰杀及蛋品加工厂，1916年在香港注册为南京英商和记有限公司，俗称和记洋行。和记洋行是南京开埠后外国资本家在下关开办的第一家工厂。

1925年，上海"五卅惨案"发生后，中共南京党团组织决定发动和记洋行工人罢工，以抗议英商的残酷剥削和暴行，声援"五卅"反帝爱国斗争。深受压迫的和记洋行工人很快被发动起来。6月6日，和记洋行工人整队游行，先绕行下关全埠，后入仪凤门，到英、日领事署抗议。工人们一直游行到夫子庙一带，行程10余公里，鼓舞了南京人民反对帝国主义的斗志。南京和记洋行工人大罢工，是南京工人直接反对帝国主义资本家剥削压迫的斗争。参加这次罢工的工人有5000余人，持续了42天，它显示了中共南京组织的核心作用。

1926年初，下关党支部成立，有党员5人，吕文远任党支部书记。党支部以和记洋行为活动基地，开展党的工作。1927年2月，和记洋行成立了中共支部，此后，中共地党领导组织和记洋行工人发动多次具有反帝反封建性质的工人大罢工斗争，工人的阶级意识更加觉醒，并逐步发展和壮大了工人阶级力量。1937年南京沦陷后，和记洋行的机器设备都被日军毁坏，公司被迫停产，厂房被改作日军仓库。

同时，近代南京的中、高等学校在中国教育体系中占有重要的地位，也是中国早期共产主义运动的重要发源地。在中国共产党以及共青团组织的带领下，南京的学生运动成为影响近代中国的重要历史事件。

1917年，在南京河海工程专门学校学习的张闻天，受到《新青年》的巨大影响，创办《南京学生联合会日刊》，成为南京传播马克思主义第一人；钟英中学是南京最早建立中共党支部的中学；"反饥饿、反内战"的"五二〇"学生运动发轫于中央大学；陶行知创办的晓庄师范是党的坚强堡垒；鼓楼区天竺路2号是党领导和开展小教系统斗争的活动地点。

近代南京的大、中学生既是南京地区革命运动的主要参与者，也是近代中国马克思主义理论学习、传播的重要骨干力量。南京近代的学生运动深刻融入近代若干重大政治事件之中，对上海、北京乃至全国的学生运动有着深远的影响。

图2-9 河海工程专门学校1915年3月15日开校典礼　资料来源：历史图片

1917年9月，张闻天到南京河海工程专门学校学习。在1919年"五四"到"六三"的一个月中，他积极参加反帝爱国斗争，从一个默默无闻的学生，变为思想先进、引人注目的青年。6月23日，他参与创办《南京学生联合会日刊》，成为编辑科科员、重要撰稿人。《"五七"后的经过及将来》《中华民国平民注意》和《社会问题》等文章是其代表作。在这些文章中，他介绍了马克思的学说，成为南京传播马克思主义第一人。

图 2-10　民国时期的晓庄学校　资料来源：历史图片

图 2-11　九条巷 8 号曾公祠内的钟英中学近照　资料来源：笔者摄

图 2-12 刊登南京解放消息的报纸　资料来源：历史图片

图 2-13 大批国民党军撤离南京时的哄乱场景
资料来源：历史图片

2.2 南京红色文化资源的价值

2.2.1 南京是新民主主义革命取得"天翻地覆"胜利的标志地

1949年4月20日至6月2日进行的渡江战役，以我军突破敌苦心经营的长江防线，彻底粉碎了敌人"划江而治"的战略企图，攻克国民党南京国民政府的政治、经济中心——南京、上海胜利结束。4月23日中国人民解放军胜利占领南京，把红旗插上"总统府"的门楼，从此，统治中国人民的国民党反动政权宣告覆灭。

南京解放在中国革命史、中国共产党历史上都占有重要位置，具有标志性意义。

1949年是中国的解放年，全国大部分地区都在这一年宣告解放。由于南京是当时中华民国首都，是国家象征，是当时的国家政治中心，因此，南京解放具有特殊价值。南京解放标志着国民党大陆统治时代的结束，标志着近代以来中国人民梦寐以求的、中国共产党为之不懈奋斗的民族独立、人民解放事业取得了胜利。其他城市的解放不具有这样的标志性意义。

几十年后，习近平总书记引用毛泽东"人间正道是沧桑"的诗句,激励全党尊重历史规律,不断夺取中国特色社会主义事业新胜利。认真学习贯彻毛泽东同志、习近平总书记对南京解放重大意义和时代价值的重要论述,对于顺利实现全面建成小康社会和中华民族伟大复兴的中国梦具有重大意义。

2.2.2 南京是"雨花英烈精神"的形成地

南京的红色文化资源中,国民党反动派屠杀革命志士的监狱、刑场,是不可忘却的特殊历史遗址,它们与各类烈士墓、烈士陵园构成的革命烈士纪念遗址群,是我国重要的革命历史文化遗产。雨花台烈士陵园是其重要代表。

从 1927 年至 1949 年,成千上万的中华优秀儿女在此慷慨赴死,用生命铸就了新中国诞生之路。雨花英烈群体共同的特点是,年纪轻,牺牲时平均年龄不到 30 岁,最小的才 16 岁;学历高,大多受过高等教育,还有部分有留洋经历;家境优越,衣食无忧,不是因为饥寒交迫、走投无路参加革命,而是受到科学理论的召唤,为了共产主义信仰,把意志深深扎入谋求民族振兴、人民幸福的基石之中,不惜抛头颅、洒热血。

1930 年 4 月中,晓庄师范的学生袁咨桐和其他 9 名同学因为积极参与、支援南京和记洋行的工人罢工、游行运动,遭到国民党南京卫戍司令部的逮捕,在狱中,他们坚贞不屈,最后血洒雨花台。

图 2-14 南京雨花台烈士陵园
资料来源:笔者摄

袁咨桐，牺牲的时候仅16岁，他是雨花台最年轻的烈士。袁咨桐的大哥是国民党高级军官，敌人承诺，只要他愿意登报公开悔过，就可以马上出狱。年轻的袁咨桐毫不动摇，即使双脚被打断、双臂被吊脱臼，也绝不叛党。根据当时国民政府的法律，未满18岁者不能判处死刑，敌人竟无耻地把袁咨桐的年龄由16岁改为18岁，在雨花台枪杀了他。

袁咨桐在狱中曾给他的二哥写信道："我们有着不同的处境，不同的教育，不同的见解，还有着不同的命运吧？我们之间有人在忍辱顺受，有人在观望徘徊，有人在勇往直前……一个人到了不怕死的地步，还有什么顾虑的？有了这种舍己为公的奋斗精神，还怕理想事业不能成功？"

袁咨桐就义的噩耗传到上海，左联战士、无产阶级作家柔石悲痛不已，挥笔写下了《血在沸——纪念一个在南京被杀的湖南小同志》。

"雨花英烈精神"主要形成于敌人的监狱中和刑场上，反映了共产党坚定的理想信念。雨花台是中国共产党人和爱国志士最集中的殉难地，是全国最具代表性的革命烈士纪念地。2014年12月，习近平总书记在视察江苏时高度评价"雨花英烈精神"，特别提出"他们的事迹展示了共产党人的崇高理想信念、高尚道德情操、为民牺牲的大无畏精神"。

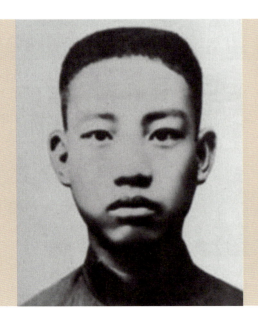

图2-15 袁咨桐
资料来源：历史图片

血在沸，心在烧，
在这恐怖的夜里，他死了！
他死了！
在这白色恐怖的夜里——我们的小同志，
枪杀的，
子弹丢进他底胸膛，
躺下了——小小的身子，草地上，
流着一片鲜红的血！
……
冲向前！同志们！
我们要为死者复仇，
要为生者争得迅速的胜利！血在沸，
心在烧，
我们十六岁的少年同志被残杀，在这白色恐怖的夜里！
——节选自柔石《血在沸——纪念一个在南京被杀的湖南小同志》

"雨花英烈精神"和"井冈山精神""长征精神""延安精神"等一脉相承,是中国共产党人宝贵的精神财富。

2.2.3 南京是开展爱国民主统一战线的重要阵地

南京地区的中共地下党组织在国民党统治的核心城市开展学运、工运、兵运等活动,争取民主党派、民主人士,扩大了党的队伍,配合人民解放军渡江战役,对革命的胜利起到了极其重要的作用。

中国共产党代表最广大的中国人民的根本利益,为了争取使战后中国走向和平、民主的民族复兴之路,以周恩来为代表的中共代表团在南京和国民党政府继续和平谈判,体现了爱国为民的革命精神。

梅园新村 17 号、30 号、35 号是国共南京谈判期间以周恩来为首的中共代表团的驻地。他们在梅园新村积极与国内外民主人士广泛接触,在国统区形成了广泛的爱国民主统一战线,在与民主人士的交往中,充分体现了中国共产党人的坦荡胸怀和肝胆相照、同舟共济的民主团结精神。中共代表团在南京所处的政治环境比重庆时期更加严峻和恶劣,斗争更加尖锐,危险性更大,生活更加艰苦。

以周恩来为首的中共代表团虽然身居虎穴,但他们始终保有崇高的思想境界,坚持共产主义的理想信念,不屈不挠,有理有节,以巨大的人格力量团结一切可以团结的力量,以简朴的生活态度全心全意为人民服务,为实现国家的真和平、真民主而不懈努力。

图 2-16　1946 年 5 月周恩来在南京梅园新村
资料来源:历史图片

图2-17 1946年11月14日,周恩来于梅园新村30号设宴招待民盟代表
资料来源:历史图片

图2-18 1946年11月16日,周恩来在南京召开中外记者招待会,揭露国民党撕毁政协决议,单方面召开"国民大会",关闭和谈之门,并宣布中共代表团即将撤回延安
资料来源:历史图片

第三章 "访红色印记"

——南京红色文化资源的现状特征与问题

南京的红色文化资源数量丰富、分布广泛、类型全面、特点鲜明,是不可多得的文化遗产。本章结合实地的调研踏勘,对 165 处红色文化资源点进行了全面的分析,完整系统地梳理了南京红色文化资源的现状特征,并总结了保护与利用方面存在的问题及其背后成因,为后续保护与利用提供思路和方法上的必要支撑。

从2010年起，中共南京市委党史工作办公室历时8个月组织了南京市革命遗址普查工作，涉及区县、街道、社区、乡镇、军区机关、省军区、陆军部队、空军部队、省部属企事业单位、纪念场馆、大中专院校及私人居民近500处，普查寻找到革命遗址206处，其他类遗址269处线索，并做了完整的文字和图片记录。2016年，南京市相关部门又在全市范围内开展了革命历史类纪念设施、遗址调查和复核工作，包括重要的机构旧址、革命人物故居、重大事件活动地、重大战役遗址以及革命烈士墓地等线索共计222处。2017年，为配合各区委党史办对各区红色资源点的认定，初步提出了《南京红色资源名单》（征求意见稿），2018年1月，市委党史办组织召开南京红色文化资源名录专家论证会，邀请了相关单位部门、红色场馆和各区委党史办相关负责人等参加论证会，听取各单位对红色文化资源名录收录范围及编撰工作等提出的意见建议，最终确定了165处为首批公布的红色文化资源点。

3.1 资源数量丰富，但保护面临挑战

依据中共南京市委宣传部、中共南京市委党史工作办公室编制的《南京红色印迹(1921—1949)》，南京市目前市域范围内保有165处红色文化资源点（详见附表2）。

南京市红色文化资源，相较于重庆市141处、厦门市97处，数量相对丰富。这些红色文化资源反映了新民主主义革命时期，中国共产党和广大人民群众在南京地区英勇斗争的革命事迹。

特别是从目前的保护级别上看，在165处红色文化资源中，有62处已经被纳入了文物主管部门的各级保护名录，属于法定保护对象（即指有国家相关法律法规作

图 3-1 南京红色文化资源保护等级比例图
（所有法定保护对象62处，约占总数的38%，其他资源103处，约占总数的62%）
资料来源：笔者绘

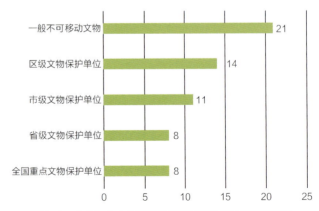

图 3-2 南京红色文化资源法定保护对象保护等级比例图

为依据并实施保护利用的资源）。包括：全国重点文物保护单位 8 处、省级文物保护单位 8 处、市级文物保护单位 11 处、区级文物保护单位 14 处，尚未核定公布为文物保护单位的一般不可移动文物 21 处；约占所有资源总数的 38%。总体的保护级别比较高，这反映出南京市委市政府长久以来对南京红色文化资源保护的高度重视。

当然，南京 165 处红色文化资源与遵义市 518 处、延安市 445 处、上海市 387 处、杭州市 255 处相比，在资源数量上还是有较大差距的。

由于统计口径的原因，各个城市的红色文化资源在内涵、时间范畴上有所区别，有的城市将抗战资源统一纳入，有的城市将部分 1949 年以后的红色文化资源一并统计，有的城市还将中国共产党成立之前，即 1921 年以前的相关资源视为红色文化资源。而在全国范围内暂时并没有统一的普查数据和统计口径，导致了各城市的红色文化资源数量差距较大。

因此，我们认为逐步丰富南京红色文化资源的数量是一项长期而持续的工作，相信随着相关研究和挖掘的深入，南京市将逐步公布更多的红色文化资源，使其在数量上与南京的红色文化价值相匹配。

红色文化资源的灭失现象是其保护利用需要面对的首要问题。南京的历史文化名城保护工作一直走在全国前列，目前已经形成了较为全面、系统的保护体系，凸显了作为"六朝古都"厚重的历史底蕴与文化内涵，而红色文化作为中国共产党带领广大人民群众创造的特有的一类

南京市界定的红色文化资源是指在中国共产党成立到中华人民共和国成立前，即 1921—1949 年，由中国共产党带领广大人民群众在南京革命时期共同创造的文化资源，其中包括物质红色文化资源和非物质红色文化资源。

需要特别指出的是，由于"红色文化资源"的概念具有严格时间界定，因此从狭义上讲，本书中的红色文化资源特指在中国共产党成立以后至中华人民共和国成立以前，同时还包含与这 28 年间由中国共产党领导的革命事件、人物等相关的文化资源。

因此，"红色文化资源"概念上的时间界定与具体存在的物质实体的形成时段有所区别。如 1950 年，为纪念在南京被国民政府残忍杀害的共产党员而建立的雨花台烈士陵园，虽然落成于"红色文化资源"界定的时段范围之后，但它承载着该时段内的红色文化内涵，因此也属于本书"红色文化资源"的研究范畴。再如，高淳吴家祠堂，始建于明朝末年。1938 年 6 月 3 日，陈毅率领新四军第一支队抵达高淳，将司令部设在吴家祠堂，这是开辟茅山抗日根据地，深入敌后抗战的第一站，是南京重要的红色文化资源之一。

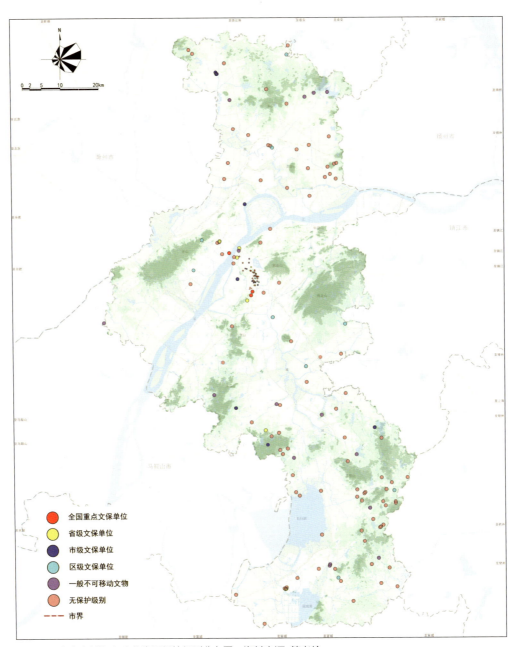

图3-3 南京市域红色文化资源保护级别分布图　资料来源：笔者绘

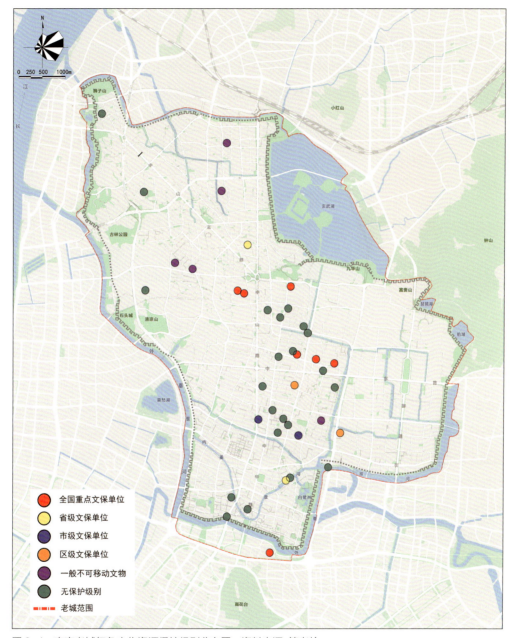

图 3-4　南京老城红色文化资源保护级别分布图　资料来源：笔者绘

文化遗产，既是中华民族精神的宝贵缩影，又是南京"美丽古都、创新名城"重要的文化内核，目前还不够突出和系统，缺少成体系的研究、保护和利用。

还有不少高价值的资源尚未被纳入法定保护名录，有部分资源由于自然损毁或被单位和个人不当使用等原因而处于"消极保护状态"，本体受到了程度不定的损毁，更有甚者受到不可逆转建设行为的影响，而导致资源灭失。

通过实地调研，165处红色文化资源中约66处资源本体已经损毁或灭失，占总数的40%，其中不乏一些特别重要的机构、事件的所在地和发生地。

如，中共南京地方执行委员会联络点——大纱帽巷10号，是见证1927年南京"四一〇惨案"的重要事件发生地之一，在20世纪90年代初的城市改造中被拆除。中国共产党九袱洲支部是南京地区成立的第一个农村党支部，其遗址位于江北新区顶山街道原大新村新立组30号，原址的三间草房因保障房建设而不复存在。

图3-5 南京红色文化资源保护状况比例图
资料来源：笔者绘

玄武区老虎桥45号的"江苏第一监狱"，是集中反映20世纪30年代"白色恐怖时期"被捕中共党员、革命志士和爱国人士狱中斗争的重要革命纪念地，虽然南京各界专家学者曾多次呼吁保护，但因为种种原因也无法保留。

秦淮区磨盘街42号，是自1927年至1934年间遭遇8次重大破坏后，中共南京市委在解放战争时期召开第一次会议的会址，至南京解放前，一直是南京市委的秘密联络点，为南京的解放事业发挥了巨大作用，原址建筑因南京市钓鱼台小学扩建而拆迁。

凡此种种，不胜枚举。

造成这些红色文化资源灭失的主要原因是40年高速的城市建设中，没有很好地统筹保护与发展的关系。究其具体原因，首先是大量红色文化资源长期未进入法定保护体系之列，没有被调查登记或被文物、规划、建设等主管部门认定，得不到有效的保护利用；二是宣传和党史研究部门与规划、建设的联动不够；三是具体的管理、使用单位不能正确认知红色文化资源的价值，保护观念不足；四

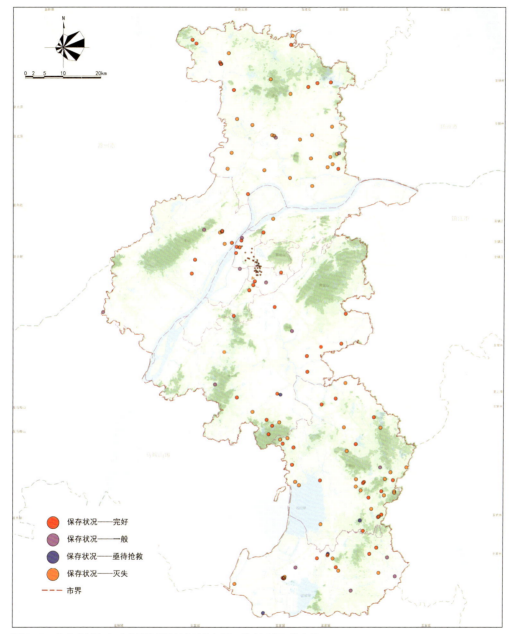

图 3-6　南京市域红色文化资源保护状况分布图　资料来源：笔者绘

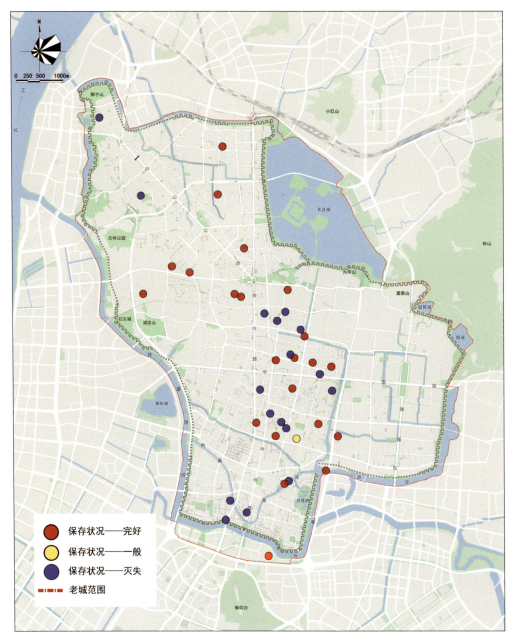

图 3-7 南京老城红色文化资源保护状况分布图　资料来源：笔者绘

是南京作为国民政府首都,其革命斗争具有隐蔽性,所涉及的物质空间不独立也不突出,十分隐蔽的地址难以确认。因此很多红色文化资源点遭到损毁,造成了部分红色文化资源只有"故事"而没有承载"故事"的实物载体的困境。

表 3-1 南京红色文化资源保护等级与保护状况一览表

(单位:处)

物质载体情况	保存状况	全国重点文保单位	省级文保单位	市级文保单位	区级文保单位	尚未核定公布为文保单位的一般不可移动文物	其他	合计
有物质载体	完好	8	7	9	12	18	27	81
	一般	0	1	2	2	2	7	14
	亟待抢救	0	0	0	0	1	3	4
	损毁	0	0	0	0	0	5	5
无物质载体	灭失	0	0	0	0	0	61	61
合计		8	8	11	14	21	103	165

3.2 遗存类型全面,但利用形式单调

从资源留存的形态上划分,南京的红色文化资源包含了物质红色文化资源和非物质红色文化资源两大类型。由于非物质红色文化资源主要由物质资源直接或间接承载,所以这里我们重点讨论南京物质红色文化资源的类型特征。

一般意义上,物质红色文化资源包括重要机构及会议旧址类、重要事件及战斗遗址类、重要烈士事件或墓地类、重要领导人物故居旧居、新中国成立后新建的各类纪念设施五种类型。

重要机构及会议旧址类资源数量最多,占总数的32%,如国立中央大学(国立东南大学)旧址、八路军驻京办事处旧址、竹镇市抗日民主政府旧址等。

表 3-2　南京红色文化资源类型统计表

(单位:处)

类型 时期	重要机构、召开重要会议旧址	重要烈士事迹发生地或墓地	重要领导人物故居和活动地	重要事件、重大战斗遗址	新中国成立后新建的各类纪念馆	合计
中国共产党创立时期	1	0	0	1	3	5
大革命时期	4	1	0	4	2	11
土地革命战争时期	5	4	1	4	1	15
抗日战争时期	33	21	7	26	10	97
解放战争时期	12	4	0	15	6	37
合计	55	30	8	50	22	165

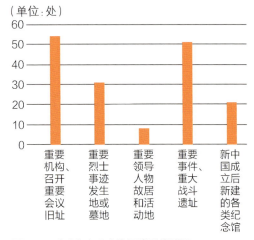

图 3-8　南京红色文化资源类型统计图
资料来源:笔者绘

重要事件类资源主要分布于老城,如总统府——人民解放军占领南京标志地、国民大会堂旧址——人民解放军与南京地下党会师大会地、金陵兵工厂旧址——中共南京地方组织革命斗争地等,占资源总数的 31%。

重要烈士事件或墓地类资源全市均有分布,占总数的 19%,如九龙桥——南京"四一〇"烈士牺牲地、皖南事变三烈士墓、云台山抗日烈士陵园等。

重要领导人物故居旧居类约占总数的 5%,如姜铨旧宅——陈毅暂住地旧址、邓子恢居住地旧址等。

新中国成立后新建的各类纪念设施类约占总数的 13%,如梅园新村纪念馆——中共代表团办事处旧址、雨花台烈士陵园、渡江胜利纪念馆等。

南京红色文化资源类型上的全面性需要通过丰富的展示利用方式加以呈现。但是,目前的红色

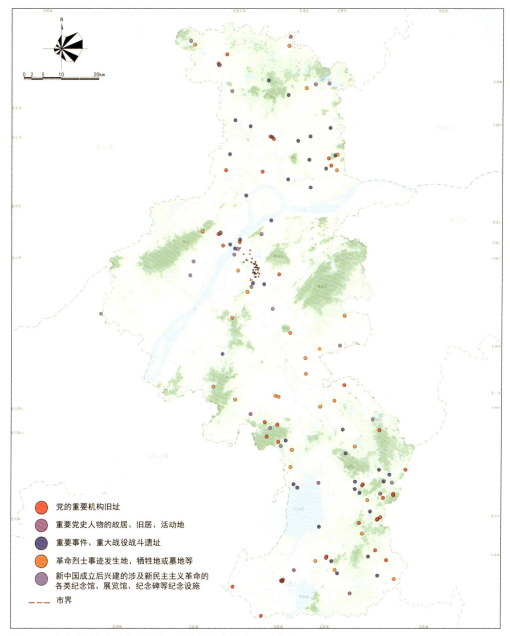

图 3-9 南京市域红色文化资源类型分布图　资料来源：笔者绘

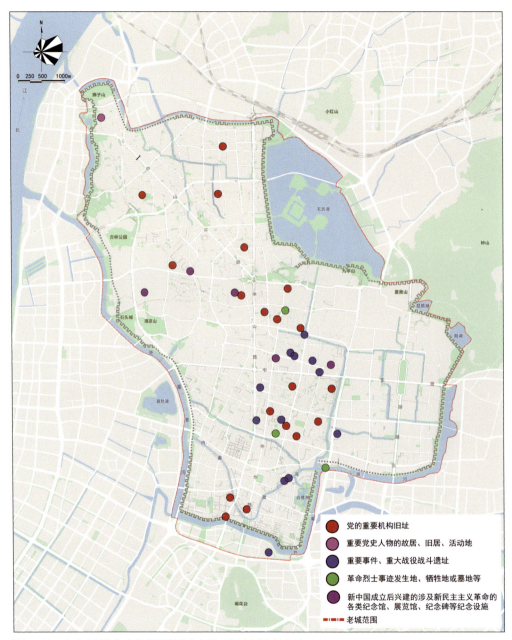

图 3-10 南京老城红色文化资源类型分布图　资料来源：笔者绘

文化资源展示利用方式较为单调,参与性较弱,现有的各类纪念设施、遗址主要以陈列、塑像、烈士陵园、烈士墓、烈士纪念碑等为表现载体,缺乏震撼力和吸引力,对历史事件和历史人物的深层次挖掘不够,红色文化资源的展示、教育、旅游功能没有得到充分利用,很多资源甚至长期处于"养在深闺人未识"的状态,如若无专人介绍或具备相当程度的历史知识,一般民众和普通游客难以从现代城市规划建设的表象中了解到南京的红色历史。

究其原因,很重要的一个方面是,红色文化资源的产权和隶属关系复杂,管理体制不顺,对外开放程度不足,加大了展示利用工作的难度。

目前,有物质载体的 104 处红色文化资源中,产权属于国有的红色文化资源共 88 处,所占比例约 85%;属于集体所有的资源共 5 处,所占比约 5%;属于私人的资源共 11 处,所占比例约 10%。革命战争时期,很多会议旧址、伟人旧居等往往是临时征用的群众住所,在产权关系上是隶属于私人的,其中部分至今还处于使用当中,且红色文化资源的保护和居民个人利益诉求差距较大,保护的原则是修旧如旧、最小干预,而居民个人要求是能新则新、能换则换,二者的矛盾导致了部分资源未得到充分展示利用。

3.3 空间全域分布,但缺少系统关联

165 处红色文化资源在全市各区均有分布,分布状态上呈现出空间全域分布、外围多城内少、相对集聚的空间特征。

主城的红色文化资源主要集中在老城范围内,其中秦淮区 19 处、玄武区 13 处、鼓楼区 15 处,是南京红色文化资源密度最高的地区。

主城范围内的玄武、秦淮、鼓楼、建邺、雨花台、栖霞六区红色文化资源总计 53 处,约占总数的 32%,相对近郊和外围地区,数量较少。

主城范围以外的红色文化资源总数为 112 处,约占资源总数的 68%,在数量上相对较多,

但是分布区域上相对松散,只有在六合、江宁、高淳和溧水的部分地区呈现出相对集中的分布状态。

同时,南京不同时期红色文化资源集聚特征明显。

表 3-3　南京红色文化资源分布统计表

序号	区　　属	数量(处)	资源点(处)
1	玄武区	13	13
2	秦淮区	19	19
3	鼓楼区	15	15
4	建邺区	1	1
5	雨花台区	3	3
6	栖霞区	2	2
7	江宁区	17	17
8	浦口区	4	4
9	江北新区(特指江北新区直管区,下同)	8	8
10	六合区	32	32
11	溧水区	32	38
12	高淳区	19	19
	合　　计	165	171

抗日战争前,南京市的红色文化资源主要集中在江北及其周边地区,以早期浦口、下关的工人运动为代表。而在老城内,代表各高校的学生爱国运动和大量隐蔽战线、地下斗争的各类资源,与大革命失败后的革命斗争形式紧密相关。

1937—1945年间,主城内的红色资源相对较少,而在城外的六合、江宁、高淳、溧水一带集聚度较高。在江北地区红色文化资源主要分布于六合北部;在江南地区红色文化资源主要集中在江宁、溧水和高淳三区,主要为溧水的横山、李巷、高淳老城、西舍周边。

解放战争时期红色文化资源主要集中于六合老城、江南主城和浦口区域。

由此可见，南京市红色文化资源在空间上的总体分布广泛且较为分散，但在部分地区又呈现出局部相对集中的特点。市域的红色文化资源由北至南整体呈现出六合北部、主城、溧水—高淳三片空间相互独立、特色不同的红色文化板块。

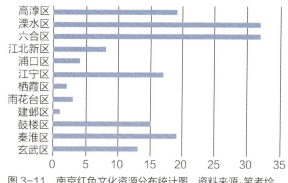

图3-11 南京红色文化资源分布统计图 资料来源：笔者绘

值得关注的是，由于此前南京一直未系统性整理红色文化资源，各类资源缺少系统性关联，即便是在分布相对集中的地区，各个红色文化资源也处于"孤零零"的状态。

一是在全市域层面，整体性的统筹不够，不论是在红色资源的保护上还是在宣传上，都呈现出"各自为政"的局面，主城与外围，城市与乡村，在面对南京如此丰富的红色文化资源时，缺少顶层设计，协调统筹的力度不足，系统性的感知较弱，给人以零散的感觉。

二是区域上相邻的资源，或是相同属性和相关事件背景的资源缺少主题性的整合与关联。相同时期、相同类型的红色文化资源是需要相互关联才能最大限度地展示其价值。比如高淳溧水地区的红色文化资源主要反映了抗战时期新四军在南京外围的革命活动，各类红色资源散布在各个村庄中，相对比较分散。如果能够将这些资源全部关联到同一个主题上进行整体的保护与展示，再通过具体的线路将其组织串联，将会更加凸显他们的价值和内涵。

三是就单个资源点而言，目前的保护与利用大多只是围绕资源点本身进行中相关的工作，与周边的环境缺少场所上的整合与互动，资源点周边整体的红色文化氛围还有待加强。比如，长江路沿线自西向东分布着"五二〇"学生运动广场、国民大会堂旧址——人民解放军与南京地下党会师大会地、总统府——人们解放军占领南京标志地、梅园新村纪念馆——中共代表团办事处旧址等等重要的红色文化资源点，目前这些资源点还缺少系统性的整合，没有形成合力，红色文化的主题被包裹在民国文化中，特别是在场所感上，还没有让人体验到红色文化的内涵和氛围，这是未来在保护和展示利用的时候需要特别注意的。

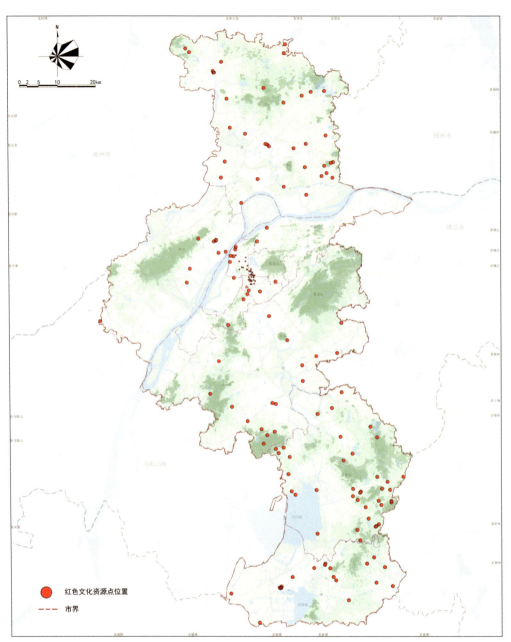

图 3-12 南京市域红色文化资源分布图　资料来源：笔者绘

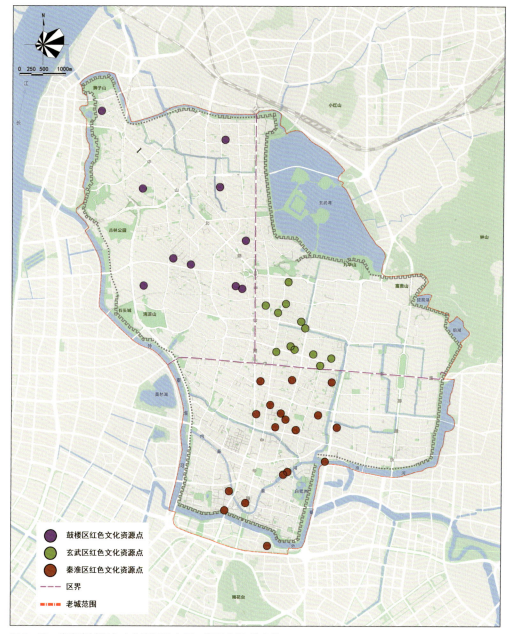

图 3-13 南京老城红色文化资源分布图 资料来源:笔者绘

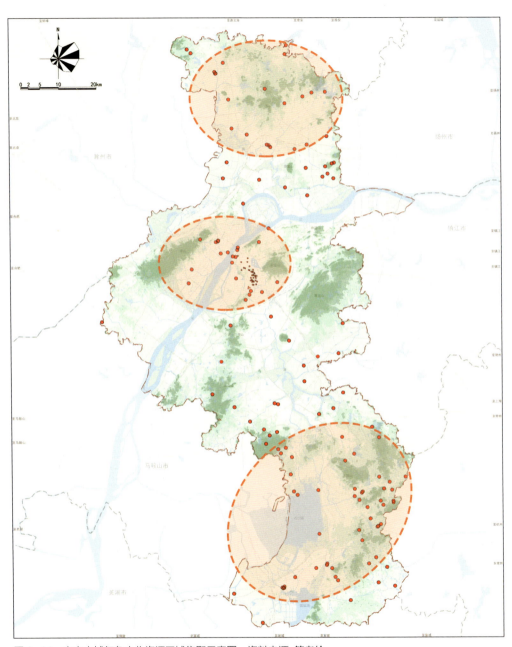

图 3-14 南京市域红色文化资源区域集聚示意图　资料来源：笔者绘

3.4 时间跨度完整,但展示场所有限

中国共产党在 28 年艰苦卓绝的革命岁月中,领导全国人民推翻了帝国主义、封建主义和官僚资本主义"三座大山",建立了中华人民共和国,实现了国家独立。祖国的山山水水遍布着革命先烈的历史印记,每个城市都会或多或少地分布着各类的红色文化资源,很多城市的红色文化资源往往反映了某个或几个历史阶段中党和群众的英勇斗争革命特征。

比如北京、上海、天津、长沙等城市的红色文化资源集中反映了我党创立初期的革命特征,在上海召开的中共一大会议使得上海成为党的诞生地。湖南、江西、甘肃等地的红色文化资源反映了大革命时期我党的战略方针的转向。山西、河北、山东等地区红色文化资源则集中于抗日战争时期。而东北、华北、华东、华中等地区的红色文化资源在解放战争时期的价值则更为鲜亮突出。

而南京的红色文化资源,与其他城市相比,有着相对比较完整的时间跨度。从发生年代来看,各个时期的红色文化资源均有分布,特别是全民族抗日战争期间资源数量占绝对主导,共 97 处,约占全市资源点数量的 57%;另有较多资源是解放战争时期(37 处)和土地革命战争时期(15 处),分别约占全市资源点数量的 22% 和 9%。

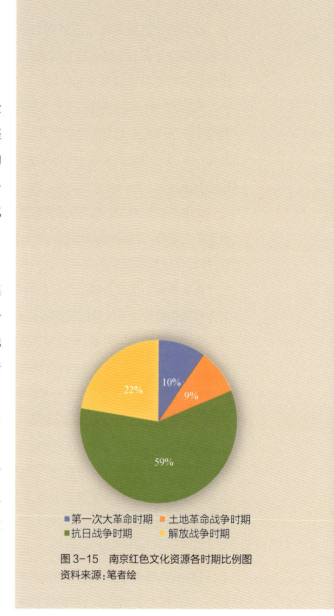

图 3-15 南京红色文化资源各时期比例图
资料来源:笔者绘

按产生和发展的时间线索来看,南京红色文化资源的时间跨度横跨了新民主主义革命的全过程。

最早的红色资源可以追溯到五四运动时期在南京创办的南京学生联合会,学联创办的《南京学生联合会日刊》登载的张闻天(就读于河海工程专门学校)初期宣传马克思主义的文章,是南京公开宣传马克思主义的开端。

大革命时期,中共领导的工人斗争运动声势浩大,1925年,和记洋行工人为声援上海"五卅"反帝爱国斗争,在党组织领导下持续了42天的大罢工,被邓中夏高度评价为"南京反对帝国主义运动最壮烈的一举,给予各地影响不小",而和记洋行旧址则被后人视为这一时期体现工人斗争运动的重要红色文化资源。

土地革命时间,南京作为民国政府的首都,处于"白色恐怖"最核心地带,虽然南京地方党组织遭到多次破坏,但是隐蔽战线的斗争一直顽强坚持,1931年4月,"红色特工"钱壮飞在南京冒死救党,及时将顾顺章叛变的消息向党中央报警,为保卫中共中央、江苏省委、共产国际远东局的安全作出了重大贡献。而这次谍战风云的发生地,中山东路237号中央饭店东侧的正元实业社旧址则作为体现我党艰险地下斗争的实例被列为重要的红色文化资源。

全民族抗日战争时期,新四军在南京周边积极开展敌后游击斗争。江宁、六合、高淳、溧水是新四军抗战史迹遗址、抗日民主政府机构旧址、抗日烈士纪念地的集中之处,已经构成新四军抗战活动的遗址群。如以高淳新四军第一支队司令部旧址为中心的遗址群、溧水抗大九分校旧址群,及六合竹镇市抗日民主政府旧址、新四军第一派出所旧址和邓子恢居住地遗址组成的建筑群等,全面反映了新四军坚持大江南北敌后抗战的历史,体现了党在抗战中的重要作用。

1949年4月23日,总统府门楼插上红旗作为人民解放军占领南京的重要标志,为新民主主义革命时期南京的红色革命事业画上了完美的句点。总统府门楼则成为南京红色文化资源重要的代表。

由此可见,区别于其他城市的阶段性特征或局部典型性特征,南京的红色文化资源在时间跨度上,具有极其鲜明的完整性和较大的影响力。我党28年的革命斗争印记遍布南京大街小巷,影响深远,可以视为我党革命历程的光辉缩影,红色文化资源所代表的中国共产党员和革命志士的优良

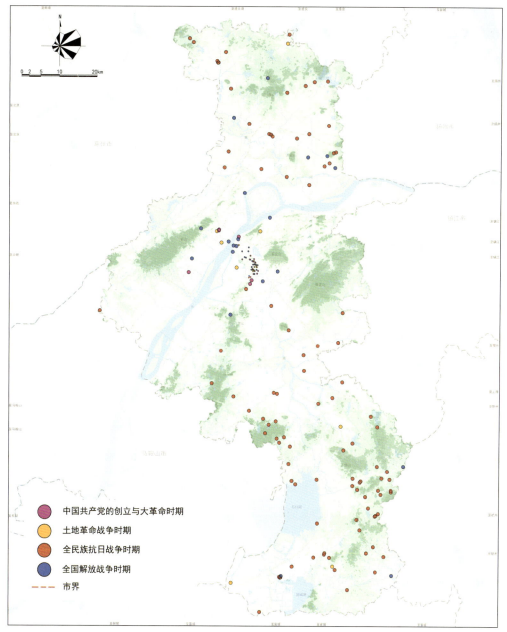

图 3-16 南京市域红色文化资源各时期分布图 资料来源：笔者绘

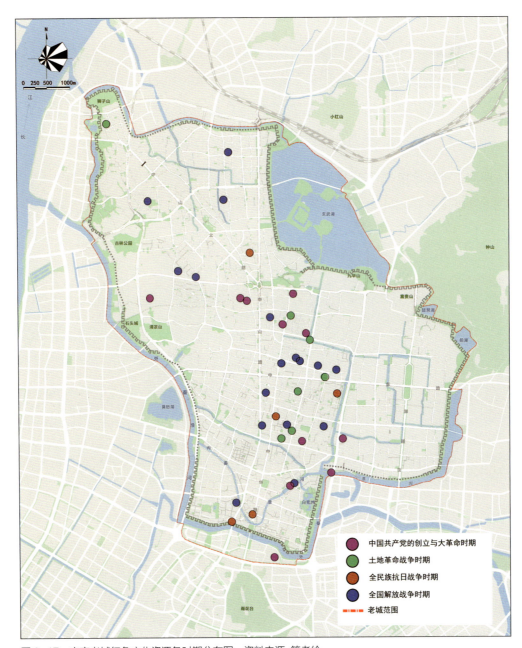

图 3-17　南京老城红色文化资源各时期分布图　资料来源：笔者绘

品格在南京体现得也尤为突出。

需要特别指出的是,虽然全市的红色文化资源在时间跨度上完整而全面,但就具体资源点的展示空间和场所而言,是不尽如人意的。南京现有的部分重要红色纪念设施存在展示空间受限、展示位置不佳等问题。

如,南京工运纪念馆位于江北新区浴堂街34号,为两浦铁路工人"二七"大罢工指挥所旧址,展示空间总计不足300平方米,相关的停车等配套设施更是缺乏。与此相关的王荷波纪念馆只能"蜗居"于浦口行知学院的一栋建筑内,且与王荷波领导相关红色运动的事件相距甚远,为13千米,大大削弱了资源的展示价值。

图3-18 浴堂街34号——南京工运纪念馆
资料来源:《南京红色印迹(1921-1949)》

图3-19 "总统府"门前缺少展示和纪念性空间　资料来源:笔者摄

总统府是南京解放的重要标志地,但由于长江路的东西穿越,其门前始终缺少展示和纪念性空间,游客在马路上留影纪念,既对交通产生拥堵,又时常发生安全隐患。

再如,南京的渡江胜利纪念馆占地面积约 6000 平方米、建筑面积约 9000 平方米,与合肥渡江战役纪念馆相比,仅为其占地面积的四分之一,且后续发展空间有限,与当代"百万雄师过大江"的历史景象极为不符。

而雨花台烈士陵园由于道路交通的阻隔,与旁边的中华门历史遗存联系较弱,可达性较差,南京最具影响力的红色文化遗产变成了城市中的"孤岛"。

图 3-20　南京渡江胜利纪念馆
资料来源:《南京红色印迹(1921—1949)》

图 3-21　合肥渡江战役纪念馆　资料来源:孟建民. 品读·合肥渡江战役纪念馆[J]. 城市环境设计,2014,82(S5):116-128.

图 3-22　雨花路与应天大街交叉口(直行断),无法到达雨花台
资料来源:笔者摄

图 3-23　雨花台烈士陵园相关资源联系度较弱
资料来源:《中华门地铁站点周边城市设计》

3.5 地域特点鲜明,但影响力不突出

红色文化的形成与资源所在地的地域文化息息相关,红色文化资源的分布特点与不同革命阶段的战略侧重也息息相关,使得红色文化资源具有地域性的特点。

首先,南京的红色文化资源中,隐蔽战线和地下斗争遗址是体现南京红色文化独特性、革命斗争艰巨性、共产党人大无畏精神的重要代表,是红色文化资源中南京区别于其他城市的重要地域特点。

中国共产党人在南京的公开斗争和地下秘密斗争是相互配合的两条战线,由于南京是国民政府和汪伪政府的统治中心,敌人对共产党人的革命斗争始终进行着最残暴的镇压,因此地下和秘密战线的斗争成为南京革命斗争的重要组织方式。

在城市中,大部分位于工厂、学校以及居住区内的红色文化资源都是中国共产党在南京开展地下斗争的重要场所,他们在学校、工厂传播共产主义信念,秘密建立党的各级组织,策动学生、工人的各类爱国运动和革命斗争,不畏敌人的疯狂捕杀,即便在白色恐怖最严重的年代,依然坚持斗争,不惧牺牲,在敌人的心脏延续着革命的火种。

南京又是中国共产党情报、谍战工作的主阵地,除了钱壮飞冒死救党的英雄事迹之外,无数共产党人冒着随时暴露的危险潜伏在敌人内部,为南京乃至全国革命斗争的胜利付出了巨大的牺牲。仅在抗日战争期间,先后有10余名中共党员、20余名党领导的情报人员在南京打入日伪高层机构,搜集了大量极有价值的情报,为抗战胜利作出了重大贡献。

其次,南京红色文化资源的地域特点还体现在,很多红色文化资源与南京各个时期的历史文化资源共存共生,红色文化与南京的历史和文化环境高度融合。

南京一些高校具有光荣的革命斗争历史,这些历史悠久的学校既是南京民国文化的一部分,也是党领导革命斗争、开展学生运动的重要阵地。1902年两江总督张之洞筹建三江师范学堂,此后改为两江师范学堂、南京高等师范学校,1921年在此基础之上建立国立东南大学,1928年更名为

国立中央大学。国立中央大学的建校和发展过程完全体现了南京作为中国近现代科技教育领域先锋城市的重要地位。

1920年代初期，国立中央大学曾是革命活动的重要阵地，谢远定、吴肃、宛希俨等既是在校学生，也是建党初期的共产党员，为南京地区党、团组织的建立作出重要贡献。正是因为国立中央大学等一批学校依托其教育领域的重要作用，使得先进思想和人群在此汇聚，马克思主义思想也最先在学校中传播开来。校内梅庵、操场、大礼堂和图书馆等场所曾发生过多次重大历史事件，国立中央大学在近代始终是南京地区爱国学生运动的主力军之一。

但是，东南大学的红色文化资源与南京民国文化的高度融合，使得人们很少将东南大学与红色文化相互联系起来，某种程度上冲淡了其自身在红色文化价值方面的影响力。

正如前文所述，长久以来，谈到红色文化，人们很难将其与南京这座城市联系起来，人们的第一反应往往是上海、井冈山、瑞金、遵义、延安、西柏坡、北京这些革命圣地，而仔细想想南京的红色文化资源，也最多只能列举出如雨花台、梅园新村、渡江胜利纪念馆这些"老三样"，南京的红色文化在全国的影响力有待提升。

要加强南京红色文化在全国的影响力，除了推进既有党性教育品牌的规模化建设，聚焦红色文化的宣传推广，加强红色文化的研究与交流之外，更为关键和具有现实意义的是，真正把红色文化资源当作南京重要的历史文化遗产加以挖掘、总结并积极保护和展示。把红色文化与南京的"文化强市战略"紧密结合起来，才能捍卫和传承南京特殊的"红色传家宝"，逐步提升和扩大南京红色文化在区域乃至全国的影响力，树立具有鲜明南京城市特色的红色文化品牌与形象。

图3-24 1930年代的国立中央大学（国立东南大学）
资料来源：历史图片

第四章 "借它山之石"

——相关实践案例经验借鉴

　　目前国内红色文化资源保护利用的相关成功案例很多,延安、井冈山、瑞金、上海、嘉兴、合肥等城市都进行了不同层次、不同方向的探索和实践。有关研究和案例在空间尺度上跨度较大,有大到一万多平方公里的区域性保护与利用,也有小到一、二公顷,面向资源点的保护展示,针对不同规模的保护对象,其保护利用经验差别也较大。

　　因此,根据空间规模分为宏观总体、中观片区、微观节点三个空间层次进行案例借鉴,为南京红色文化资源保护利用提供参考和支撑。

图 4-1 京西、北地区红色文化资源保护利用结构
资料来源:王珊. 京西、北地区抗战遗存保护与利用研究 [D]. 北京:北京建筑大学,2019.

图 4-2 "敌后指挥部"主题线路图
资料来源:王珊. 京西、北地区抗战遗存保护与利用研究 [D]. 北京:北京建筑大学,2019.

4.1 侧重全域性、整体性保护利用的案例

4.1.1 京西、北地区组织抗战文化串联线路

京西、北地区是指北京西北平谷、密云、怀柔、昌平、延庆和门头沟 6 个区县,面积约 10400 平方公里。在抗日战争时期,该片区是华北最前线的抗日阵地,拥有丰富的红色文化资源。

针对各单体红色文化资源点的历史文化价值相对较弱,但资源点的革命历史阶段相对连续的特征,研究以京西、北地区山光水色和民俗文化相结合的生态人文景观为资源依托,以四通八达的交通纽带为网络,通过不同主题的红色文化线路进行有机串联,组织形成群体价值较高的片区和组团,总体上形成"2 线 4 片 5 个主题组团"的结构体系,提高了资源的整体性文化价值。

4 个片区和 5 个组团分别围绕"重走地下交通线""南口战役线""敌后指挥部线"等主题路径组织,突出了差异性,避免了同质性。在各组团内,加强单个资源点与自然、人文资源的有机结合,提高红色文化资源的吸引力,形成资源共享、联动发展的局面。

4.1.2 延安市突出红色文化景观标识,组织长征文化线路

延安是红色政权发展壮大的革命圣地和精神家园。从 1935 年到 1948 年的 13 年,是中国共产党走向成熟、走向胜利的 13 年,是党发展历程中辉煌时期。岭山寺塔位于陕西省延安市南宝塔山上,又称延安宝塔,始建于唐大历年间 (766—779 年),宋庆历年间 (1041—1048 年) 重建,是全国重点文物保护单位。2015 年 2 月,习近平总书记视察陕西时指出:"黄帝陵、兵马俑、延安宝塔、秦岭、华山等是中华文明、中国革命、中华地理的精神标识和自然标识。"延安宝塔现已成为革命圣地延安的象征,被列入延安革命遗址进行保护。

延安宝塔作为红色文化标志,在《延安市历史文化名城保护规划》中,被控制为市区最高点,统领全城视线。规划通过市区整体高度的限制,实现延安宝塔周边山顶、滨河、历史景观、城市公共空间等重要人文景观节点望塔可见。在保护对象上,以"三山两河整体环境"为主体,在城市核心区域严格控制建筑高度,形成视线廊道,保护层次分明的红色文化城市景观标识。

在文化线路组织上,以系统保护、突出重点、强化关联为思路,强调红军进驻延安的"红色线性文化遗产",这条线性遗产是全国长征文化线路的重要组成部分,包含了红军长征线路、进驻延安线路、转战陕北线路等多条红色文化支线。沿线保存了包括革命阵地旧址、重要会址、领导人旧居、战役遗址等大量、珍贵的红色文化遗存,具有突出的保护和展示价值。延安的红色线性文化遗产梳理了各红色支线遗产的

图 4-3 延安岭山寺塔(延安宝塔) 资料来源:笔者摄

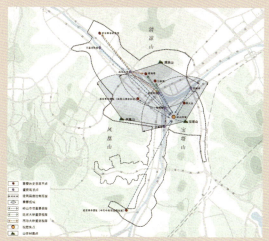

图 4-4 中心城范围视廊与高度控制分析
资料来源:杨开 . 延安市历史文化名城保护规划 [J]. 城市规划通讯,2018(22):15-16.
中国城市规划设计研究院,《延安历史文化名城保护规划》

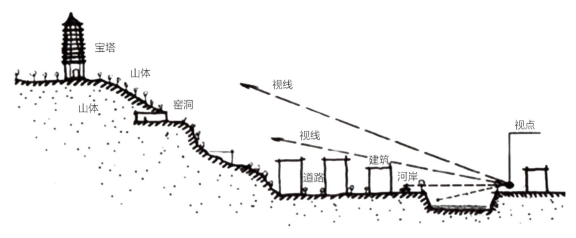

图 4-5　高度视线控制分析
资料来源：杨开. 延安市历史文化名城保护规划 [J]. 城市规划通讯,2018(22):15-16.
中国城市规划设计研究院,《延安历史文化名城保护规划》

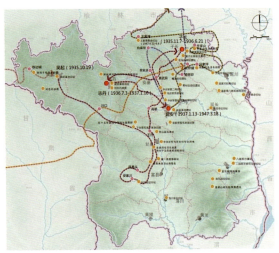

图 4-6　市域红色文化线路发展脉络
资料来源：杨开. 延安市历史文化名城保护规划 [J]. 城市规划通讯,2018(22):15-16.
中国城市规划设计研究院,《延安历史文化名城保护规划》

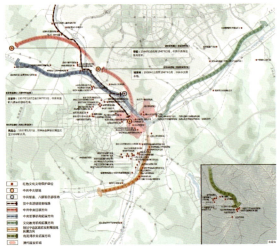

图 4-7　延安近代红色革命空间拓展线路
资料来源：杨开. 延安市历史文化名城保护规划 [J]. 城市规划通讯,2018(22):15-16.
中国城市规划设计研究院,《延安历史文化名城保护规划》

内在关联,重点保护线路本体及周边环境,突出长征落脚点、瓦窑堡会议、洛川会议旧址等关键节点的保护与展示,沿线增设、优化红色文化讲解、展示、服务等设施,从而促进了各红色文化资源点的保护。

4.1.3 井冈山构建"多点开花"的保护利用空间格局

江西省井冈山市被称为"革命摇篮""绿色宝库"和"中国红色旅游基地之首",具有丰富的红色文化资源,现已形成多个红色文化片区。

在《井冈山市城市总体规划(2011—2030)》中,红色文化资源的保护利用模式主要采用了"由点到线、由线到面"的全域覆盖模式,即在整体空间结构上突出井冈山茨坪的核心红色文化特色,并深挖市内红色文化资源内涵,构建"多点开花"的多级红色文化发展格局,依托多级红色文化资源核形成综合服务集散核,并通过公共交通、绿道串联多级红色文化资源点,实现"由点到线"的基本格局。同时,将各红色文化资源核与度假集群产业协同发展,增强红色文化网络的辐射效应,从而实现"由线到面"的红色文化资源保护发展的全域覆盖。

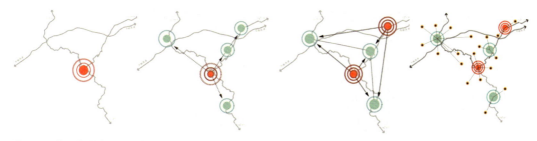

图4-8 井冈山全域覆盖模式示意图 资料来源:《井冈山市城市总体规划(2011—2030)》

其中规划的井冈山国家圣地公园片区是红色文化传承创新先导示范区、国家红色革命教育圣地,也是井冈山的红色文化核心聚集区。该片区主要由红色文化经典景区、井冈精神大讲堂、茨坪小镇等多处红色文化资源点组成。经典红色文化景区包含井冈山革命博物馆、茨坪旧居群、北山烈士陵园等多处红色文化资源点,该片区在保护红色文化资源点的基础上,主要通过采用从静态观光到互动体验,提升活动策划和配套服务设施等方式来提升大众的观光体验感。

图4-9 井冈山圣地公园片区规划 资料来源:《井冈山市城市总体规划(2011—2030)》

4.2 侧重红色文化与地区发展有机融合的案例

4.2.1 上海中共一大旧址带动街区文化复兴

上海新天地紧邻淮海中路、西藏南路,是上海的商业中心,区位交通优越。新天地项目是太平桥改造项目的一部分,该项目源于20世纪90年代的上海城区改造工程,瑞安集团取得太平桥地区土地共计52公顷,斥资近7亿元改造新天地片区。新天地项目由南里和北里两个部分构成,地块内原有的石库门旧建筑和现代建筑交错布置,成为凝结上海历史和文化艺术的一道靓丽风景线,而南里和北里的分割线——兴业路是中共一大会址的所在地。

新天地改造项目强调维持其历史感,对中共一大会址进行保护和整修,保存沿街石库门建筑特色,且在老房子内加装了现代化设施,反映了该项目整旧如旧、翻新创新的理念。在对中共一大会址的保护上,将全国文物保护单位的保护和新兴消费、休闲模式相结合,使得老上海的风格中融合了国际气息。这种红色文化资源保护与利用的开发理念,突破了以往的红色遗产保护全靠政府工作的思路,开创了地区开发热潮与遗产保护联动的新思路,通过再生上海传统里弄生活形态带来商业利益,为红色遗产保护和传统建筑保护创造了新的机会。

4.2.2 嘉兴中共一大会址促进南湖地区持续更新发展

嘉兴南湖因中国共产党第一次全国代表大会在这里胜利闭幕而备受世人瞩目,是"红船精神"的发源地,是我国近代史上重要的革命纪念地。南湖景区及湖滨地区以中共一大会址为核心,自20世纪90年代开始至今一直在持续地更新发展。

在20世纪90年代,首先拆除了沿湖破旧不堪的棚屋,启动了春、夏、秋、冬园和南湖革命纪念馆的建设,建成了南湖东岸的环湖绿化带园;从2000年开始至2004年,建成了会景园、南湖渔村、放鹤洲公园、西南湖生态绿洲、停车场等项目;2005年建设了环湖旅游景观大道,对烟雨楼进行落架大修,改善了景区现有道路、污水管网及南湖水环境质量,提高景区绿化品位;2007年实施了湖滨地区环境改造,湖滨地区不仅是南湖景区拓展的核心区块,也是南湖与嘉兴城市结合最紧密、城景关系最融洽的区块,占据了南湖三分之一岸线。

图 4-10　中共一大旧址　资源来源：笔者摄

自2017年12月至今，嘉兴市对湖滨地区进行改造提升工程，以"革命红船起航圣地、嘉兴文化独特体验、现代时尚滨湖空间"为主题，以"1921民国时期建筑风格"为主要基调，形成"两带四板块"空间结构，分别为滨湖连续景观带、"重走一大路"红色文化体验带和鸳湖里弄、嘉绢印象、南湖书院、南堰新景四板块。目前，以"红色"吸引人，以"绿色"留住人，带动周边地区"绿色"、"古色"、会展、节庆等多种资源的联动发展，把革命文化、历史文化和水乡文化等特色旅游资源整合起来，形成了生态环境良好、景观特色鲜明、游憩景点丰富、服务设施完善的风景名胜区。

4.2.3 江苏泰兴印达村红色文化带动村庄建设和产业振兴

印达村位于江苏革命老区泰兴市曲霞镇境内，是解放战争英雄印达的出生地。1947年印达带领战士们在曲霞周边与国民党军展开游击战，凭借二三十条步枪，先后取得了广陵镇、庙头庄、太平圩等一系列战斗的胜利。1947年9月14日，印达带领部队在广陵镇被国民党部队重重包围，为了掩护战友撤退，印达孤身血战，身负重伤，最终寡不敌众，被国民党残忍杀害。印达烈士牺牲后，家乡人民以印达烈士命名了他出生的村庄。

长期以来，印达村一直致力于发展以印达烈士精神为主题的红色文化，以"红色印达，幸福家园"为目标，以红色文化为主题发展乡村生态文化旅游，带动了印达村的村庄建设和产业发展。在空间布置上以"一

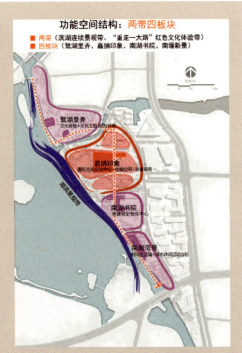

图4-11 嘉兴中共一大会址改造提升
资料来源：马仲坤. 基于历史情境的空间设计和活化——以嘉兴南湖滨区域改造提升工程为例[J]. 中国园林，2020,36(S2):50-53.

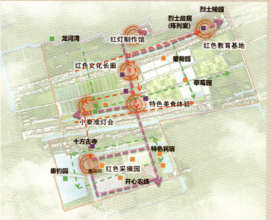

图4-12 印达村游览路径分布图　资料来源：泰兴市曲霞镇印达村特色田园乡村规划项目成果

串灯"——小秦淮灯会和"一条河"——滨水景观带来组织乡村产业、文化和空间景观，形成以圩区田园风光为基底，以红色文化为系脉的空间格局。重点打造了以红色文化为核心的印达多元文化体验路径，该路径由红色教育基地为起点，串联红色制造馆（坊）、红色文化长廊、特色美食体验和小秦淮灯会，至田园特色采摘区，完整打造了一条集红色文化展示、纪念、教育、体验等功能为一体的公共活动旅游线路。

目前，以印达烈士精神为主题的红色文化与生态旅游有机结合，不仅提升了旅游品牌和烈士事迹的知名度，同时还增加了村民的人均年收入，实现了从烈士故土到建设热土的转变。

4.3　侧重多元展示利用的案例

4.3.1　美国珍珠港事件纪念遗址将两艘战列舰作为纪念馆的有机组成部分

珍珠港事件纪念遗址位于美国夏威夷州珍珠港，是为了纪念在1941年12月7日与偷袭珍珠港日军英勇作战的将士而设立。遗址主体位于福特岛，此地为日军偷袭珍珠港时战列舰最密集的停靠港口，因此是太平洋舰队受损最严重的区域。美国珍珠港事件纪念遗址保存了亚利桑那号和密苏里号两艘参战的战列舰，结合福特岛的自然风光，形成了一组多元化的纪念性遗址空间。

其中，亚利桑那号战列舰纪念馆又称为"第二次世界大战太平洋战争国家纪念馆"，建筑面积4.25公顷。该纪念馆由地上游客中心和水中亚利桑那号战舰残骸两部分组成，战列舰残骸水上部分被移除，而水下部分保存完好，游客可以通过设计中预留的孔洞近距离观察水下的战列舰的"骸骨"，并借助相关说明牌和现场介绍，感受到历史的脉动。

密苏里号战列舰纪念馆是另一艘没有沉没、保留完好的战列舰，当年在该战列舰甲板上签署了日本投降协议，因此该战列舰在太平洋战争中有着非同一般的纪念意义，利用该战列舰作为纪念馆能真实地反映二战的历史进程。

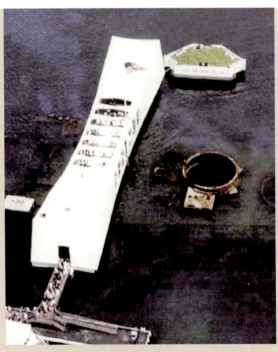

图 4-13　美国珍珠港事件纪念遗址
资料来源：陈中慧. 探访珍珠港历史遗址 亚利桑那号战舰纪念馆[J]. 大众考古,2019(04):74-79.

图 4-14　密苏里号战列舰纪念馆
资料来源：陈中慧. 珍珠港历史遗迹 密苏里号战列舰纪念馆[J]. 大众考古,2019(07):50-54.

4.3.2 以色列马萨达保卫战遗址通过现代视听技术再现当年战争场景

马萨达保卫战遗址位于耶路撒冷东南方的一座岩石山顶上。公元70年，罗马人占领了耶路撒冷，对犹太人大肆杀戮。马萨达要塞易守难攻，罗马人围攻马萨达整整三年，最后在山旁堆建了一座与山同高、巨大无比的土堆，又建了一个巨大的斜坡到城堡的围墙下，试图采取火攻。在罗马人点烧柴火，马萨达即将陷落之际，要塞内的男女老少967名犹太人，为避免落入敌手，全体自杀。第二天清晨，攻入城内的罗马人惊奇地发现，他们攻下的不过是一个没有任何生命、遍地尸骸的死城。

马萨达遗址是耶路撒冷希伯来大学教授于1963年至1965年期间，带领考古队陆续挖掘出来的，要塞格局完整，遗迹保存很好，是现存于世的规模最大最完整的罗马围城营地。为了让参观者更好地领略遗址的精神文化价值，马萨达保卫战遗址充分利用了复原迷你模型、影像资料、现代视听技术等现代科技方法，力求重现那段战争历史，将参观者带回到远古的战争场景，在营造的历史氛围中，让参观者切身体会犹太人"宁为自由而生，不为奴隶而死"的民族精神。在展示手法上，通过将纪念性功能与社区功能相结合的设计手法，除了历史展厅外还设置了社区会堂、电影放映厅，将纪念活动融入日常生活，扩大纪念的意义；为了区分原始废墟和重建部分，很多建筑上都有一条粗黑线，黑线以下为废墟遗址。如今的马萨达古堡是每年犹太成年礼仪和新军誓师大典举行之地。

图4-15 以色列马萨达保卫战遗址
资料来源：前两张图为毛黎摄，后两张图为季锋摄。

4.3.3 松山战役遗址以"真人老兵群雕"为核心展示远征军抗日精神

松山战役遗址位于云南省龙陵县腊勐乡大松山怒江峡谷,二战时期,松山战役是中国南方最大的战役之一。日本《公刊战史》中称松山战役为二战亚洲战场上的"玉碎战",也就是全军覆没之意。1942年5月,侵华日军进驻怒江后,把松山作为战备中心、进攻据点和防御支撑点。1945年6月,松山战役打响后的三个月时间里,发动了十场战役,以日本失败而告终,拉开中国抗日大反攻的序幕。

图4-16 "真人老兵群雕"
资料来源:铸魂松山——李春华《中国远征军雕塑群》作品研讨会摘要[J]. 雕塑,2013(06):20-25.

现在的松山战役遗址，主要集中在腊勐乡大垭口村东、西两侧的松山山顶一带，在大小松山、黄土坡等大小七个高地上，地堡、战壕、弹坑等随地可见，是目前保存最为完好的二战战场遗址之一。其中重要的足迹有松山主阵地我军坑道作业遗迹及大坑，滚龙坡、鹰蹲山等战场遗址，日军发电站、抽水站和慰安所遗址等。松山遗址公园主要以2013年仍在世的28位远征军老兵为原型，通过"真人老兵群雕"，展示了远征军"勿忘国耻，浩气长存"的英勇抗战精神，在每位雕像下面，都有各个人的生平简介。如今，松山战役遗址已经成为集遗址展示、爱国主义教育、文化交流及旅游休闲、民俗体验等为一体的二战遗址纪念园。

4.4　案例的启示与借鉴

从以上三个层面的案例中可以看出，虽然在层次和类型上各有侧重，但其共性是一致的：首先，深入挖掘各类资源的特色及价值是保护展示利用的前提条件；其次，案例都突出资源本体的全面保护；第三，重点突出资源的教育和宣传价值，都采用了多元化的展示和利用手段。

宏观总体层面往往强调保护的整体性和系统性，通过分析红色文化资源分布、分类和保存状况等实际情况，依据地区资源特点，建立多层级的保护利用体系。如延安市对红色文化资源进行了全域保护，强调了红色文化资源的线路组织和文化资源间的互动关联，并突出了管理导向的近期保护行动计划的制定。

中观片区层面，有大主题片区和小主题街区之分。大主题片区内侧重于资源整合串联，提炼片区红色主题特色，通过片区内串联线路，整合各类资源，促进红色文化资源与城市功能的融合，从而激活片区活力。如井冈山国家圣地公园片区侧重"由点到线、由线到面"的片区整合模式。而小主题街区侧重红色文化氛围和体验空间的营造，如上海新天地街区，保护了街区整体空间格局和历史街巷，突出整体空间的功能和项目策划，强调红色文化资源与公共空间活动的结合，带动了地区整体环境的改善和提升。

微观项目设计层面上，更加强调单体资源的保护与周边环境的精细化打造，突出建筑外观的标识性设计，通过独特的建筑造型、小品和雕塑等构筑物展示红色文化内涵，而建筑内部设计的趣味性、人性化和高科技的运用，也有助于红色文化资源的展示和彰显。如以色列马萨达保卫战遗址通过原址的保护，保留了资源周边的自然环境和自然险峻的道路，突显了独特宏伟的整体景观，使其成为城市的标志。在其内部，通过现代视听技术，重现了历史战争场景。

第五章 "理评价体系"
——南京红色文化资源评价体系研究

科学评价红色文化资源,是正确认识红色文化资源价值的基础,对开展红色文化资源的保护利用具有重要的现实意义。目前,国内相关文献与案例中对红色文化资源的价值评价仍处于探索阶段。根据现有的评价体系分析,由于对红色文化资源进行研究的侧重点不同,形成了不同指标构成的评价体系,主要包括历史文化资源评价的方法及红色旅游资源评价的方法等,尚未形成统一、普适性的方法。因此,本书在总结前人经验的基础上,初步进行了红色文化资源评价体系及相关价值影响因子和因子指标权重的研究,试图建立一种普适性的红色文化资源评价体系。

此外,针对本书研究的南京红色文化资源这一特定对象,针对南京资源特征与保护利用的现实需求,初步建立南京红色文化资源评价系统,并对 165 处资源进行了评价与分级,以便于衔接南京已有的历史文化资源分级保护利用体系。

5.1 红色文化资源评价的思路

综述国内目前各类红色文化资源的相关评价,其思路总体上分为两类。因红色文化资源属于历史文化资源的一部分,故一类思路将红色文化资源视作一般的历史文化资源,沿用较为成熟的历史文化资源评价思路与评价体系进行评价。另一类则是将红色文化资源视作旅游资源进行评价,评价指标侧重旅游观览、游憩、适游期、使用范围等方面。

5.1.1 历史文化资源评价体系特点分析

历史文化资源评价关注资源的历史价值及建筑或其他资源本身的艺术价值,对其中包含的情感价值关注度相对较低。以历史文化资源中的历史建筑资源价值评价为例,石志高、张媛媛等学者对历史建筑评价体系进行建构时,认为其价值主要体现在历史价值、建筑艺术、环境区位、社会价值及使用价值5个方面,进一步确立了16个二级评价指标,如表5-1所示。其中历史价值占分值最大,环境区位占分值最小,而社会价值占分值仅仅略高于环境区位,亦处于倒数位置。

表 5-1 历史建筑评价指标表

一级指标	分值	二级指标	分值
历史价值(A01)	26	建造年代(B01)	9
		相关历史名人或事件(B02)	8
		对地区历史发展影响(B03)	9
建筑艺术(A02)	22	反映历史时期的艺术创作和建筑艺术(B04)	7
		具有典型的建筑风格(B05)	6
		施工的水平、方法、材料、工艺(B06)	5
		空间布局艺术(B07)	4

续表

一级指标	分值	二级指标	分值
环境区位(A03)	15	与历史街区、文保单位远近关系(B08)	4
		与城市主街道、开放空间关系(B09)	4
		与周围环境的协调性(B10)	4
		位于风景区内(B11)	3
社会价值(A04)	16	社会情感的寄托(B12)	9
		宣传教育(B13)	7
使用价值(A05)	21	建筑组群保存完好度(B14)	8
		现状使用合理程度(B15)	6
		是否具有再开发潜力(B16)	7

资料来源:石志高,张媛媛.AHP分析法下的柳州历史建筑评价体系建构[C]// 中国城市规划学会.城乡治理与规划改革——2014中国城市规划年会论文集:城市规划历史与理论.北京:中国建筑工业出版社,2014:17.

表 5-2 安徽省红色旅游资源单体评分表

序号	评价因素	赋分分值
1	观赏游憩使用价值	30
2	历史文化艺术价值	25
3	珍惜奇特程度	15
4	规模、丰富度与概率	10
5	完整性	5
6	知名度和影响力	10
7	适游期或使用范围	5
8	环境保护、环境安全	附加

资料来源:根据《安徽红色文化旅游资源保护规划》整理

表 5-3　湖南红色旅游资源评价指标表

一级指标	权重	二级指标	权重
历史价值(B1)	38%	在革命历史上的重要性(C1)	20%
		与重大历史事件的关联程度(C2)	13%
		政治价值(C3)	5%
艺术文化价值(B2)	7%	革命文化传承能力(C4)	5%
		资源现状保存情况(C5)	1%
		与地域文化的融合程度(C6)	1%
经济价值(B3)	12%	艺术价值(C7)	2%
		文物收藏价值(C8)	3%
		旅游价值(C9)	6%
		再利用价值(C10)	1%
社会情感价值(B4)	12%	体现重要的革命精神(C11)	10%
		促进当地居民形成文化自信的价值(C12)	2%
政治教育价值(B5)	26%	爱国主义教育(C13)	20%
		文化知识教育(C14)	6%
观赏价值(B6)	5%	愉悦度(C15)	3%
		完整度(C16)	1%
		奇特度(C17)	1%

资料来源：葛鸿雁. 基于BP神经网络的湖南省红色旅游资源评价模型研究[D]. 湘潭：湘潭大学，2017.

而在红色文化的保护中，最重要的就是红色精神的弘扬与传承，这其中情感价值远高于资源本身的其他价值，因此套用历史文化资源评价的框架对红色文化资源进行评价并不合理。

5.1.2 红色旅游资源评价体系特点分析

安徽省红色旅游资源价值评价体系主要参照了《旅游资源分类、调查与评价》相关国家标准，侧重于观赏游憩和旅游开发，在评价因子的选取上也更多地体现了游览和旅游价值，评价因子包含了观赏游憩使用价值、珍稀奇特程度、知名度和影响力等八个方面。在各因子的权重赋分上，观赏游憩使用价值最高为 30 分，适游期或使用范围最低为 5 分。整体上评价体系从红色旅游角度出发，更多侧重旅游和观赏方面的价值（表 5-2）。

葛鸿雁学者在构建湖南红色旅游资源评价指标系统时关注了红色文化资源的革命历史价值、革命文化传承、社会情感价值、政治教育意义等软性因素。设定一级评价因子为历史价值、经济价值、政治教育价值等六个方面，在权重的设定上认为历史价值和政治教育价值最高，分别为 38% 和 26%，艺术文化价值和观赏价值相对较低，分别为 7% 和 5%（表 5-3）。

魏红磊、贾巨才等学者针对怀来县构建了红色文化旅游资源评价体系，考虑了历史文化价值、社会情感价值、经济价值和生态价值等多方面的内容，评价体系共设定了 3 个一级因子、6 个二级因子和 12 个三级因子。一级评价因子包括了资源要素价值、经济生态价值和资源影响力，在权重设定上认为资源要素价值最高占 56%，经济生态价值最低占 12%（表 5-4）。

表 5-4　怀来县红色文化旅游资源评价体系指标权重表

综合评价层	权重	项目评价层	权重	因子评价层	权重
资源要素价值	56%	历史文化价值	45%	在革命历史上的地位	15%
				革命文化及精神的影响度	30%
		社会情感价值	11%	革命教育价值	8%
				当地的红色氛围	3%
经济生态价值	12%	经济价值	4%	旅游开发	3%
				文物收藏	1%
		生态价值	8%	资源的保护情况	6%
				资源的仿制程度	2%

续表

综合评价层	权重	项目评价层	权重	因子评价层	权重
资源影响力	32%	知名度和影响力	24%	知名度	5%
				美誉度	19%
		适游期或使用范围	8%	适游期	2%
				使用范围	6%

资料来源：魏红磊，贾巨才，白美丽. 基于旅游扶贫视角的红色文化资源评价与开发研究——以张家口怀来县为例[J]. 河北北方学院学报（社会科学版），2017,33(6):105-109.

历史文化资源评价的方法以资源的历史价值和资源本体科学、文化、艺术价值为核心，对精神、教育、纪念等价值反映不够。红色旅游资源评价体系以旅游观览、使用、开发为导向，过多关注旅游开发和经济效益层面因子的权重，不完全适用于红色文化资源的保护与利用。

在当下重视红色文化资源的保护与传承的新时代背景下，对红色文化资源价值的判断应当从将红色文化资源看作一种旅游资源，回归到红色文化资源本身的特质即革命历史和革命精神的展示和教育上来，以革命历史价值、地位与党性教育意义、革命文化影响力等相关因子为主导，进行统一标尺的价值认定。探讨构建科学理性的红色文化资源评价体系，对红色文化资源的保护利用是非常必要的。

5.1.3 红色文化资源评价思路

红色文化资源的评价应以社会效益优先为出发点，首先突出以资源保护为目的，即要为资源分级保护提供科学依据。其次是体现红色文化资源的展示、宣传、教育等功能，重视红色精神的传承与弘扬，重视爱国主义教育、社会主义核心价值观教育和党性教育等；第三，适度开发利用，结合周边用地和交通条件，与其他文化资源进行整合利用，促进地区发展。

由于红色旅游资源具有明显的社会性，无论是其个体品质高低、资源间组织状况优劣，还是开发利用条件的好坏，都对其资源评价具有一定影响，因此完全纯粹的定量分析在实际上是不具有可操作性的。因此，红色文化资源的评价应该采用定性与定量相结合的方式。

红色文化资源定量评价体系涉及很多方面，包括历史价值、精神传承价值、文化价值、科学价值、环境质量、旅游容量、旅游组合和资源的区位条件、适应范围及开发条件等，这些因素对红色旅游资源的评价具有一定的影响,根据红色文化资源的特点和价值分析,本文将历史文化价值、精神传承价值、资源本体条件、区位环境条件四大方面作为一级核心因子,在此基础上可进一步细分二级构成因子。

5.2 红色文化资源评价因子构成分析

5.2.1 历史文化价值

红色文化资源是我党带领广大人民群众长期实践的成果,是革命历史的沉淀,是民族智慧及革命文化的积淀和结晶,其所蕴含的历史信息是非常丰富的,这种历史信息在很大程度上影响其综合价值。因此,历史文化价值指标是红色文化资源的核心和本质,该核心指标主要细化为革命历史地位、与重要历史事件及历史人物关联程度这三个二级指标。

革命历史地位是指资源在革命历史中的重要程度,如八七会议反对了政治上的"右"倾机会主义,提出了著名的"枪杆子里出政权"的论断,是由大革命失败转变到土地革命兴起的重大转折点。

与重要历史事件和历史人物的相关性反映了资源地与一些重要历史事件或对革命具有重要影响的人物之间的关系,这些资源地是特殊时代的证明,带有大量的历史信息,具有重要的纪念意义。

图 5-1 八七会议旧址 资料来源:黄飞摄

图 5-2 红军长征过雪山(夹金山) 资料来源:历史图片

图 5-3 中央苏区(闽西)历史博物馆 资料来源:笔者摄

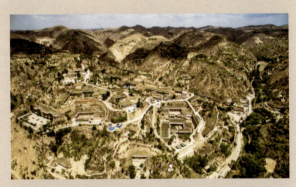

图5-4　古田会议旧址　资料来源：笔者摄

图5-5　杨家沟革命旧址群修复
资料来源：薛倩.革命旧址文物保护规划编制方法探讨——以杨家沟革命旧址为例[J].中国文化遗产,2020(04):60-65.

5.2.2　精神传承价值

红色文化资源所蕴含的革命精神是其精髓，应当被人们记忆和学习。因此，精神传承价值指标是红色文化资源的内涵和重点，该指标侧重于红色文化资源的精神内涵和传承能力，主要包括教育价值、社会情感价值和革命精神影响度这三个二级指标。

教育价值表现为红色文化资源蕴含了丰富的历史信息和精神价值，如自力更生艰苦奋斗、全心全意为人民服务的延安精神；谦虚谨慎、敢于斗争、团结统一的西柏坡精神；开天辟地、坚定理想、百折不挠的红船精神；等等。运用这些信息和精神进行爱国主义教育和革命文化知识教育，其所含的信息和精神越丰富、越容易进行传播，则对应价值也越大。

社会情感价值表现为社会情感认知度，即当地居民对本地红色文化资源认知、对革命精神的认同感和由此激发的自豪感。

革命精神影响度是指影响革命进程推进的程度，如红军长征保存和锻炼了革命的有生力量，为抗日战争和解放战争的胜利打下了坚实基础，从更长远的角度来说，红军长征的意义和影响力已经远远超出了长征事件本身，它深刻影响着中华民族的前进方向（图5-2）。

5.2.3　资源本体条件

红色文化资源本体是保护利用的主体对象，本体尚存是保护利用工作的基础。资源本体条件侧重于资源自身条件和本质属性，是资源保护利用的关键，主要包括现状质量、规模与聚集度、艺术性和资源保护级别这四个二级指标。

现状质量是指红色文化资源的现状保存情况,这是资源本体条件指标中的关键因素,直接影响了资源保护的工作量和难度,同时,资源本体的保存状况与资源本体的历史时间和历史事件相关,革命战争类资源往往处于山野之间,而城区地下斗争类资源又隐蔽且因位于城市容易在建设中被破坏,其保存状况往往堪忧,对濒临灭失和亟待抢救的资源应当采取紧急措施来及时止损(图5-5),而保存状况好的资源在价值评分中分数也较高。

艺术性是指红色文化资源本体所具有的艺术风格和建造技艺水平,如是否体现地方特色或民族

图5-6 南京总统府建筑群 资料来源:笔者摄

特色、时代特色,是否具有观赏性和美感。

资源规模及聚集度是指资源点的占地面积、建筑面积,以及不同红色资源点间空间位置的聚集程度。资源规模越大、资源点间的聚集联动程度越高,则展示利用的效应越好,发展传播范围往往较广,传承能力也较强。

在红色资源中,有一部分由于其他价值的评价已经被确定为全国重点文保单位、省级重点文保单位、市级文保单位、区级文保单位、历史建筑、尚未核定公布为文保单位的一般不可移动文物等,但不属于红色资源保护范围。如南京总统府是中国近代建筑遗存中规模最大、保存最完整的建筑群,也是南京民国建筑的主要代表之一,现为全国重点文保单位(图 5-6)。以前没有作为红色资源考虑,在本次红色资源梳理评价中,考虑到总统府是当年解放军渡过长江、在总统府上插上红旗的地方,是中国共产党胜利、国民党覆灭的标志,因此将总统府纳入南京红色资源,其资源的保护级别是红色资源价值的影响因子之一。

5.2.4 区位环境条件

区位环境条件指标侧重于红色文化资源的外部情况,该指标密切影响着红色文化资源的展示与利用,主要包括区位与交通条件、资源环境条件和周边用地功能。

区位与交通条件反映了资源与城市的关系、资源所在地的交通便利程度,以及该地的可进入程度。位于城市中心区的资源和位于偏远农村地区的资源区位及交通条件不同,条件越好则资源活力越大。

图 5-7　李巷村红色文化资源集聚度高　资料来源:笔者绘

曾经是苏南抗日机关首脑所在,村内为领导机关所在,周边分布着抗大九分校、兵工厂及后勤物资生产设施,村内、周边各类红色资源聚集度高。

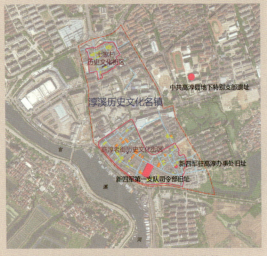

图 5-8　淳溪镇红色文化资源区位交通条件优越
资料来源:笔者绘

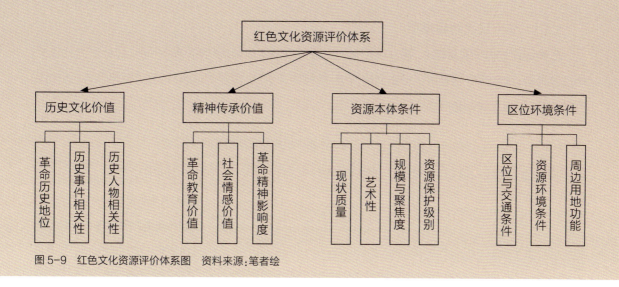

图 5-9　红色文化资源评价体系图　资料来源：笔者绘

周边用地功能是指资源所处的用地性质情况，如位于景区周边的资源活力、吸引力和发展潜力大于位于居住区和工业区周边的资源。

资源环境条件是指资源外围环境的自然条件和现代化公共设施条件，充分利用环境条件优势能够增强红色文化资源的核心吸引力。

由上述对各评价影响因素的分析可得到一级评价指标 4 个，二级评价指标 13 个，红色文化资源评价体系如图所示。

5.3　确定评价因子权重

本节将运用层次分析法确定红色文化资源评价体系中各评价指标的相应权重。层次分析法结合了定性分析与定量计算，其基本原理是将研究对象看作一个系统并分解为不同的组成因子，形成多层次的分析评价模型，通过每层次各因子间的两两比较，计算出对应的权重值。

5.3.1 建立层次结构模型

在确定评价因子的基础上,建立红色文化资源评价模型的层次结构(表5-5)。目标层为红色文化资源评价;综合评价层包含了历史文化价值、精神传承价值、资源本体条件、区位环境条件;因子评价层包含了13个评价因子。

表5-5 红色文化资源评价模型层次结构表

目标层	综合评价层	因子评价层
A 红色文化资源评价	B1 历史文化价值	C1 革命历史地位
		C2 历史事件相关性
		C3 历史人物相关性
	B2 精神传承价值	C4 革命教育价值
		C5 社会情感价值
		C6 革命精神影响度
	B3 资源本体条件	C7 现状质量
		C8 艺术性
		C9 规模与聚集度
		C10 资源保护级别
	B4 区位环境条件	C11 区位与交通条件
		C12 资源环境条件
		C13 周边用地功能

资料来源:笔者绘

5.3.2 构建目标层判断矩阵

运用层次分析法进行评价的关键是构建判断矩阵。建立层次结构模型之后,以红色文化资源评价A这个总目标层作为准则,将综合评价层指标B对它的相对影响进行两两比较,得到相对重要性判断矩阵,见表5-6,其比较结果以1-9标度法表示,各级标度的含义见表5-7。

表 5-6　目标层判断矩阵表

	历史文化价值	精神传承价值	资源本体条件	区位环境条件
历史文化价值	1	1.1	1.6	2.2
精神传承价值	0.8	1	1.4	2
资源本体条件	0.7	0.7	1	1.4
区位环境条件	0.5	0.5	0.7	1

资料来源：笔者绘

表 5-7　判断矩阵的标度和含义一览表

标度	含义
1	表示两个因素同样重要
3	表示两个因素相比，前一因素比后一因素略微重要
5	表示两个因素相比，前一因素比后一因素重要
7	表示两个因素相比，前一因素比后一因素明显重要
9	表示两个因素相比，前一因素比后一因素绝对重要
2、4、6、8	两相邻重要程度的中值

资料来源：笔者绘

5.3.3　构建综合评价层判断矩阵

通过对综合评价层的相关评价指标两两间的重要性进行比较并给出比较分值，笔者邀请了相关领域的专家学者对 13 个评价因子两两比较并填写了矩阵判断表格，对结果进行了一致性检验后，最终得到目标层A（红色文化资源评价）的判断矩阵（表5-8），所有数据均通过MATLAB软件计算而得。

表 5-8　历史文化价值指标判断矩阵表

	革命历史地位	历史事件相关	历史人物相关
革命历史地位	1	1.6	2.1
历史事件相关性	0.6	1	1.3
历史人物相关性	0.5	0.8	1

资料来源：笔者绘

确定二级因子的权重,具体结果见以下各表(表 5-9 至表 5-11)。

表 5-9 精神传承价值指标判断矩阵表

	革命教育价值	社会情感价值	革命精神影响度
革命教育价值	1	1.4	1.6
社会情感价值	0.7	1	1.1
革命精神影响度	0.7	0.9	1

资料来源:笔者绘

5-10 资源本体条件指标判断矩阵表

	现状质量	艺术性	聚集度	资源保护级别
现状质量	1	1.3	1.4	1.4
艺术性	0.8	1	1	1.1
规模与聚集度	0.7	1	1	1
资源保护级别	0.7	0.9	1	1

资料来源:笔者绘

表 5-11 区位环境条件指标判断矩阵

	区位与交通条件	资源环境条件	周边用地功能
区位与交通条件	1	1.3	1.5
资源环境条件	0.7	1	1.1
周边用地功能	0.7	0.8	1

资料来源:笔者绘

5.3.4 确定指标权重

通过以上各一级指标的权重计算,综合计算得出红色文化资源评价体系及各评价因子权重,见表 5-12。

由表可以看出，在综合评价层中历史文化价值权重最高，说明红色文化资源的革命历史和文化进程是保护利用的核心因素；精神传承价值权重位居第二，资源本体条件位居第三，反映这两方面是红色文化资源保护利用的重要方面；而区位环境条件权重最低，这也反映了区位环境对于红色文化资源保护的影响程度相对较弱。

表 5-12 红色文化资源评价指标权重及排序表

目标层	综合评价层	权重	因子评价层	权重	位次
A 红色文化资源评价模型层次结构	B1 历史文化价值	0.3351	C1 革命历史地位	0.1591	1
			C2 历史事件相关性	0.0978	3
			C3 历史人物相关性	0.0783	6
	B2 精神传承价值	0.2926	C4 革命教育价值	0.1241	2
			C5 社会情感价值	0.0870	4
			C6 革命精神影响度	0.0814	5
	B3 资源本体条件	0.2176	C7 现状质量	0.0681	7
			C8 艺术性	0.0522	9
			C9 规模及聚集度	0.0493	10
			C10 资源保护级别	0.0480	11
	B4 区位环境条件	0.1547	C11 区位与交通条件	0.0646	8
			C12 资源环境条件	0.0474	12
			C13 周边用地功能	0.0427	13

资料来源：笔者绘

5.4 形成红色文化资源评价体系

不同城市红色文化资源评价需要从自身资源特点出发，在总体评价导向一致的前提下，即强调以保护为主，重红色精神的传承与弘扬、重爱国主义教育的评价思路一致的前提下，在评价因子的权重设置上可以依据城市红色文化资源特色存在一定差异。因此,本文参照层次分析法最后得出的权重参考值,给予指标权重前后5分的调整范围,使之在具体城市进行综合评价和分析时保持一定的差异性。

表5-13 红色文化资源评价模型层次结构

目标层	综合评价层	因子评价层	赋分范围
A 红色文化资源评价模型层次结构	B1 历史文化价值	C1 革命历史地位	15-20
		C2 历史事件相关性	7-12
		C3 历史人物相关性	5-10
	B2 精神传承价值	C4 革命教育价值	13-18
		C5 社会情感价值	5-10
		C6 革命精神影响度	6-11
	B3 资源本体条件	C7 现状质量	4-9
		C8 艺术性	3-8
		C9 规模及聚集度	3-8
		C10 资源保护级别	3-8
	B4 区位环境条件	C11 区位与交通条件	4-9
		C12 资源环境条件	3-8
		C13 周边用地功能	2-7

资料来源:笔者绘

5.5　南京红色文化资源评价

5.5.1　南京红色文化资源评价体系实践

首先,在南京红色文化资源评价的价值导向方面,鉴于对上述国内评价标准的研究,笔者认为,立足近期迎接建党一百周年的重要时间节点,应以社会效益优先为出发点,红色文化资源的评价指标选择应首先关注保护，以价值作为保护分级的重要依据；其次展示与宣传教育，重视红色精神的传承与弘扬，强调爱国主义教育、社会主义核心价值观教育和党性教育等；最后适度兼顾资源整合与开发利用。因此在评价指标的设计与选择方面，侧重资源的革命历史价值与革命教育意义作为价值取向的主导因素，即以革命历史地位、革命文化影响力相关因子为主导；同时，以保存状况、展示利用价值相关因子为辅。

南京的红色文化资源的评价体系，在沿用普适性评价体系的评价因子基础上，评价权重设置应依据自身资源情况进行相应调整，即保持评价体系的总体导向和标准与普适性评价体系基本一致，综合评价指标保持不变，仅在权重指标范围内根据南京特色调整确定指标赋值。

各指标的具体赋值见表 5-14。

表 5-14　南京红色文化资源评价体系

目标层	综合评价层	分值	因子评价层	分值
A 红色文化资源评价模型层次结构	B1 历史文化价值	35	C1 革命历史地位	17
			C2 历史事件相关性	10
			C3 历史人物相关性	8
	B2 精神传承价值	30	C4 革命教育价值	14
			C5 社会情感价值	8
			C6 革命精神影响度	8
A 红色文化资源评价模型层次结构	B3 资源本体条件	20	C7 现状质量	6
			C8 艺术性	5
			C9 规模及聚集度	5
			C10 资源保护级别	4
	B4 区位环境条件	15	C11 区位与交通条件	6
			C12 资源环境条件	5
			C13 周边用地功能	4

资料来源：笔者绘

B1 历史文化价值方面:考虑南京"解放之都"的独特历史地位,适当加重革命历史地位因子的分值,取分值17分。在与重要历史事件及人物关联程度上,南京是一系列重要历史事件的见证地,有诸多相关人物,因此在平均分值的基础上略微提升分数。

B2 精神传承价值方面:考虑南京诸多高校及整体教育水平,故在教育价值平均值的基础上略微增加,取分值14分。南京承载了诸多革命时期的重要历史记忆,因此在社会情感价值的取值时,在平均值的基础上略微增加分值取8分。革命文化及精神影响度上虽不及延安等地,但在全国范围内具有一定的影响力,可取略高于平均分的分值。

B3 资源本体条件方面:现存各类红色文化资源许多因为年代久远而遭到破坏,其资源本身的质量和规模与其存在的意义并不完全成正比,因此在对现状质量和规模及聚集度进行取值时,取略低于平均值的分值,并可在艺术性和资源保护级别的取值上适当增加其分值。

B4 区位环境条件方面:在对区位环境条件各评价因子评价时,考虑南京红色文化资源分布较广且较多分布于发展水平不高的地区,因此均可采用略低于平均值的方式赋值。

5.5.2　南京红色文化资源综合价值评价

资源综合价值评价结果,可划分三档(表5-15):

第一档,综合价值评分高的资源:即80分以上(含80分)的高分数段资源,共14处。第一档的资源往往具有极为重要的历史价值与教育价值,具有广泛的知名度与影响力,其中以重大事件的发生地、重要会议召开地、重要领导人旧居故居等为主体;资源本身条件好,得到妥善的保护与一定程度的利用。

第二档,价值评分中的资源:得分60分(含60分)至80分的资源,42处。第二档的资源,往往也具有较高的历史价值与教育意义,具有一定的区域影响力,同时其资源本身条件也较好,资源的完好性、保护等级、区位条件等各项条件处于中档。

第三档,价值评分低的资源:得分60分以下,109处,散布在市域范围内。第三档资源,总体历史价值偏低,并且多数资源已无实体存在,资源本身条件较差。这一档里面有部分革命价值和影响力相对较低的建筑旧址,更多的是各类建筑遗址、战斗遗址、陵园和烈士墓。

表 5-15　综合价值分档一览表

分档	资源特征	资源数量(处)
第一档	综合评分 80 分(含)及以上的资源	14
第二档	综合评分 60 分(含)至 80 分的资源	42
第三档	综合评分 60 分以下的资源	109

5.5.3　评价方法和结果总结

红色文化资源评价采用专家调查问卷调查法得出评价所需原始数据,利用软件对数据进行运算,得到评价指标权重进而得到红色文化资源评价表。南京的红色文化资源评价在此基础之上,结合南京红色文化自身特点,考虑红色文化的社会属性,将定量计算与定性相结合,得出南京各红色文化资源点的评分,并根据评分结果进行综合价值分档。

从综合价值得分情况来看,60 分以上资源点占 34%,反映出南京现有红色文化资源的总体价值较高,从地域分布上来看,60 分以上的资源大多集中分布于老城内部,反映了当时在市内隐蔽战线革命斗争的复杂性;市域范围内的资源分值较低,反映了当时外围地区革命斗争的艰苦性和目前保护不力的现实状况。

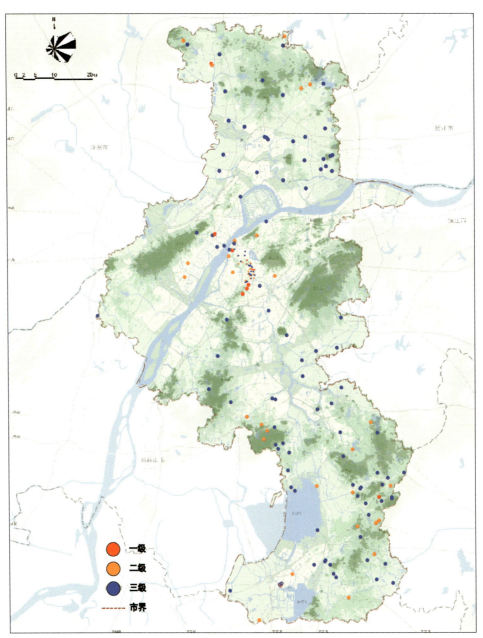

图 5-10　南京市域红色文化资源综合价值分档图　资料来源：笔者绘

第六章 "定保护之策"

——南京红色文化资源保护利用框架

南京在红色文化资源保护利用工作中,突出"保护—利用—发展"结合,形成"全面保护、整体保护、多元利用、创新发展"的总体思路。系统性地提出全面保护各项红色物质文化资源、所处空间场所环境及蕴含的非物质文化,以"分级、分类、分层、分系统"为特征,建构形成分级保护控制体系、分类保护利用要求、分层保护展示空间整合及分系统传承彰显策略四大框架。

6.1 保护利用目标与策略

6.1.1 保护利用目标

针对南京红色文化资源的现状、历史脉络与价值特色,本次研究提出三个保护利用目标:

(1) 全面保护利用南京各类红色文化资源,塑造中国红色文化传承的典范之城

习近平总书记强调,共和国是红色的,不能淡化这个颜色;要发挥红色资源优势,深入进行党史军史和光荣传统教育,把红色基因一代代传下去。南京的红色文化具有典型的跨越新民主主义整个革命时期的特点,也是中国共产党领导工、学、兵、农、商各阶层进行全民抗争的典型代表,现存的文化资源类型丰富、分布广泛。南京同时也是一个文化开放包容的城市,应充分利用、整合串联好红色文化资源,多元利用、传承发展,实现多样、繁荣、极具吸引力的红色文化体验,力争让南京成为中国红色文化传承的典范之城。

(2) 积极弘扬"雨花英烈精神",形成全国有代表性的红色文化精神教育基地

南京是艰苦卓绝的地下斗争、统一战线及全民斗争持续进行、最终胜利的重要见证,雨花英烈精神等是全国极具影响力的红色文化。应积极传承延续并发扬光大这种不畏艰险、坚持不懈的红色精神,以雨花英烈精神为宣传核心,以雨花烈士陵

图 6-1 李巷村的墙上随处可见"抗战到底"的字样 资料来源:笔者摄

园、渡江战役纪念馆和纪念碑、总统府等代表性的红色资源为主要载体,开展全民性的宣传教育,建设各类红色教育基地,最终塑造形成全国有代表性的红色文化精神教育基地。

(3) 突出彰显南京"胜利之城"标志地特色,强化与其他资源的融合互动,形成全国有影响力的红色文化游览地

南京是胜利的城市,毛泽东同志曾为占领南京写下著名诗篇《七律·人民解放军占领南京》。推翻国民政府的统治,是近代革命历史上的重大胜利,留下了丰厚的物质承载与精神文化,南京城市更应突出彰显"胜利之城"标志地特色,充分利用好这一全国独特的红色文化资源,开拓红色文化旅游市场,促进城市功能品质提升,实现社会效益与经济效益的协调发展。

图6-2 毛泽东诗《七律·人民解放军占领南京》
资料来源:历史资料

6.1.2 保护利用策略

在对待红色文化资源的具体工作中,应突出"保护—利用—发展"结合,形成"全面保护、整体保护、多元利用、创新发展"的保护利用总体思路。

(1) 全面保护、应保尽保

长期以来,南京市有相当数量的红色文化资源虽具有一定保护价值,然而由于缺少系统研究、缺少专门规划、缺少社会互动,现存资源真正得到有效保护的数量、规模仍较为有限。因此,立足于高度重视红色文化资源宝贵财富,本文提出对南京全域的红色文化资源采取能保则保、应保尽保的原则。除了现有保护建筑外,凡是经论证具有较高红色文化价值,且能够反映革命历史价值、具有纪念意义的红色文化资源均应纳入南京历史文化名城保护体系中。

（2）整体保护、系统整合

过去对红色文化资源的保护利用在方法上侧重单体资源的保护，资源的保护利用与城市发展联系不够，使得红色文化资源极易成为城市中孤立的历史碎片。因此，红色文化资源的保护应当改变微观局部的孤立式保护，强调系统保护的思路，重视城市红色文化内涵和精神的塑造，统筹单个红色文化资源与整体红色历史文脉的关联，构建科学、完善的保护利用体系，形成相对完整的红色文化资源空间体系。

同时，应注重系统整合，不仅仅局限于保护各类红色文化资源本身，更应加强红色文化资源与周边城市功能的有机整合，促进红色文化资源与周边交通、景观等各空间要素融合与协调，将红色文化资源的保护与城市公共空间的塑造有机结合起来，实现红色基因的现代传承，彰显城市红色文脉，使之成为城市的特色标志与文化支撑，并推动红色文化资源的保护利用与地区联动发展，促进红色文化永续利用，从而提升资源与环境的价值与活力。

（3）多元利用、创新发展

南京红色文化资源的利用方式主要为纪念场馆。最为著名的有雨花烈士陵园和纪念馆、梅园新村纪念馆、渡江胜利纪念馆等，还包括蕴含红色文化的著名景区总统府。而红色文化资源的保护，应当让人们能够感知、体会红色文化和革命精神，让红色文化与城市日常生活融为一体，成为城市的一部分。因此，在保护的基础上应探索适度合宜的利用方法，让红色文化焕发出新的生命力，从静态的保护转变为动态的传承利用，从被动的保护走向主动的保护，使得红色文化资源的保护更加具有现实的价值和意义[①]。

目前，国内已经探索形成以红色文化或革命旧址为主体的创新发展模式，如瑞金、井冈山革命旧址与红色精品景区建设相结合，赣州的宁都革命旧址与特色乡镇建设相结合，抚州的金溪革命旧址与休闲农业旅游相结合，吉安青原革命旧址与传统村落保护相结合等，在遗产保护、展示宣传、教育培训、经济发展等方面取得了较大的成功。

全国各地包括南京将结合自身红色文化资源和条件，强化自身特色，进一步探索形成"红色文

---

① 杨潇，张毅. 城乡统筹背景下的成都全域历史文化保护利用研究[J]. 规划师，2013，29(11)：94-100.

化+"的新型发展方式,鼓励红色文化资源保护利用与乡村振兴、文化建设、旅游发展、经济社会发展、民生福利改善相结合,不断增强红色文化的生命力和影响力,促进永续利用,大力推进体制、机制和方法的改革创新。

未来,南京市在完善现有红色文化场馆的展示纪念、宣传教育等基本功能基础上,应当改变以往红色文化资源利用方式过于单一的状况,探索红色文化资源多元化利用的方式。重点可组织具有一定特色与主题的红色文化线路、红色文化主题景区与公园、红色文化街区、红色文化乡村及各类空间场所,实现不同类型、主题的红色文化在市域空间"百花齐放""各领风骚"。如:解放胜利的资源点可以整合形成清晰的文化线路,而雨花台—中华门地区可以整合形成突显红色文化的特色街区,等等。鼓励利用新媒体形式扩大受众,利用全息影像、AR融合VR等新技术增加文化感染力。

6.2 保护利用框架

全面保护利用各项红色物质文化资源及所处空间场所环境、非物质文化,形成以"分级、分类、分层、分系统"为特征的总体保护利用框架体系,具体细分为:分级保护控制体系、分类保护利用要求、分层保护展示空间整合及分系统传承彰显策略。

分级保护控制体系:对照南京历史文化名城的分级保护体系,创新红色文化资源保护分级与管控要求,将目前已掌握的红色文化资源全部纳入保护控制,根据资源评估结论分级落实保护要求。

分类保护利用要求:针对红色文化资源类型与形态多样的特点,区分各类物质文化与非物质文化资源,尤其细分南京红色物质文化资源中的实体完好或尚存的建筑及建筑群、实体损毁的遗址遗迹、烈士墓地与陵园、新建的纪念广场等,针对不同类型资源各自的保护需求与可利用途径,制定具有针对性的分类保护利用要求。

分层保护展示空间整合:根据资源的空间分布与集聚特点,划分空间层次。根据南京特大城市特点与空间层次特征,具体划分为市域、红色文化集聚区、主题片与资源点四层次,明确各层次的资源利用展示的重点与主题。市域层面侧重整体空间结构的构建;红色文化聚集区层面侧重文化线路的串联;主题片层面重在文化环境营造和体验路径的组织;针对资源点逐一制定保护利用图则,确定保护控制范围、要求和展示利用引导内容。

分系统传承彰显策略:面对全市所有红色文化资源点和所处的空间区域,分系统建立突显南京特色的传承彰显体系。该体系强调红色标识系统的统一建立,城市出入口和窗口地区、高快速路旁、重点街区地段、公园绿地、社区、学校等不同场所进行不同标识的示意引导;利用资源建筑实体,鼓励设置不同主题、类型与规模的系列展示教育场馆;加强策划组织系列宣传体验活动;鼓励各类新技术的运用,丰富对红色文化的体验与感受等。

保护利用总体框架如图 6-3 所示。

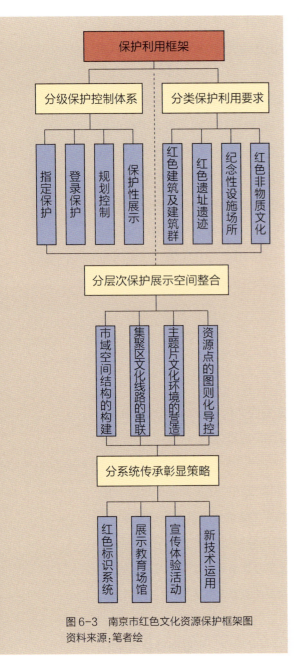

图 6-3 南京市红色文化资源保护框架图
资料来源:笔者绘

6.3 分级保护控制体系

南京历史文化名城保护中已经对历史文化资源制定了分级保护体系,在红色文化资源保护中,应以此为基础,充分考虑红色文化资源与一般历史文化资源相比所具有的特殊性,制定适合南京红色文化资源的分级保护控制体系。

尽管红色文化资源均以空间实体或场所环境为物质载体,

然而相比物质载体,红色文化资源点蕴含的精神价值和意义更为突出,甚至更重于物质空间实体。目前已知165处资源点中,有约40%的资源点虽然实体已灭失,但仍然被列入红色文化资源。针对红色资源的这一特点,本次在现行实体资源三级保护体系基础上,针对无实体可保护或不具备保护条件的资源,新增了保护性展示的保护控制要求,创新形成衔接南京历史文化名城保护要求的红色文化资源分级保护体控制体系,即红色文化资源保护控制体系,具体包括指定保护、登录保护、规划控制、保护性展示四级。不同综合价值的红色文化资源,根据其保护条件,对应四级保护体系。

6.3.1 指定保护

南京历史文化名城保护的指定保护,是指对历史文化街区、文物保护单位、历史建筑、历史文化名镇名村、传统村落、非物质文化遗产代表性项目等,严格按照国家、省的相关法律法规进行保护,强调整体保护历史文化资源的真实性。南京红色文化资源中的各级文保单位、尚未核定公布为文保单位的一般不可移动文物,其他综合价值得分80分及以上且实体尚存的资源,应进行指定保护。

指定保护对象具体包括雨花台烈士陵园、梅园新村纪念馆——中共代表团办事处旧址、总统府——人民解放军占领南京标志地、国民大会堂旧址——人民解放军与南京地下党会师大会地、渡江胜利纪念碑、南京工运纪念馆——两浦铁路工人"二七"大罢工指挥所旧址、两浦铁路工人"二九"大罢工卧轨处旧址、两浦铁路工人"七二"大罢工旧址、八路军驻京办事处纪念馆——八路军驻京办事处旧址、竹镇市抗日民主政府旧址、李巷红色遗址遗迹群、新四军第一派出所旧址、邓子恢居住地旧址、国立中央大学(国立东南大学)旧址等共70处。

其中,文物保护单位必须按《中华人民共和国文物保护法》和《中华人民共和国文物保护条例》进行原址保护。只有在发生不可抗拒的自然灾害或因国家重大建设工程的需要,使迁移保护成为唯一有效的手段时,才可以原状迁移,易地保护。易地保护要依法报批,在获得批准后方可实施。

对于资源综合价值评价得分80分及以上、实体尚存且仍在文物体系以外的,推荐列入新增历史建筑;推荐历史建筑经认定、核准公布后也应纳入指定保护。

南京众多的文保单位、一般不可移动文物及历史建筑已积累了大量指定保护的成功案例。

如红色文化资源点之一的金陵机器制造局,为全国重点文保单位,也是南京历史街区之一。该处建筑群始建于同治四年(1865年),为近代民族工业的先驱、著名的兵工厂,其建筑为仿欧洲

表 6-1　初步推荐历史建筑名录

序号	名　称	类　型	保存状况	地　址	主管部门	开放利用情况
1	人民解放军第二野战军军事政治大学旧址	党在南京建立的重要机构、召开重要会议旧址	完好	玄武区孝陵卫200号	南京理工大学	免费开放
2	南京大学革命烈士纪念碑	具有重要影响的烈士事迹发生地或墓地	完好	汉口路22号	南京大学	开放
3	渡江胜利纪念馆	新中国成立后兴建的反映中国共产党领导新民主主义革命的各类纪念馆、展览馆等纪念设施	完好	三汊河渡口路1号	南京市文化广电新闻出版局	免费开放
4	晓庄革命烈士纪念碑	具有重要影响的烈士事迹发生地或墓地	完好	栖霞区和燕路晓庄行知路1号行知园南侧	栖霞区文化旅游局	免费开放
5	横山烈士纪念碑	具有重要影响的烈士事迹发生地或墓地	一般	江宁区禄口街道桑园社区章山	禄口街道	免费开放
6	抗大九分校旧址群（包括抗大九分校校部、一、二、三大队大队部旧址）	党在南京建立的重要机构、召开重要会议旧址	亟待抢救	溧水区晶桥镇上芝山村、云鹤山村、下芝山村		一、三大队旧址免费开放
7	潘家花园——陈毅暂住地旧址	在南京进行过革命斗争的重要领导人物故居、旧居、活动地	一般	高淳区东坝镇东风村潘家花园坡地	东坝镇	免费开放
8	新四军第三支队六团团部旧址	党在南京建立的重要机构、召开重要会议旧址	亟待抢救	高淳区砖墙镇垛上村		

资料来源：笔者制

折衷主义时期厂房建筑，砖砌外墙、人字型屋顶，内部三角桁架，门额石刻记建造时间与厂名。经过时代更迭，现建筑群保存较为完整，整体历史风貌保护佳，大门、主要道路、绿化等历史环境得以整体保护。目前功能已经置换为文化、休闲、展示、办公等综合功能，带动了地区发展。

八路军驻京办事处纪念馆——八路军驻京办事处旧址，是中国共产党领导的军队在国民党统治区设立的第一个公开办事机构。卢沟桥事变后的8月9日，周恩来、朱德、叶剑英应邀到南京代表中共中央和红军参加国防会议，同时继续与国民党当局谈判，协商将红军改编为八路军、新四军。8月19日，叶剑英等人以八路军驻京代表身份留在南京组建八路军驻京办事处，并先后在傅厚岗、高云岭觅得两处住所，作为办事处办公及生活用房。南京沦陷后，八路军驻京办事处撤往武汉。虽然办事处在此只工作了3个月时间，却担负了繁重的任务。它继续同国民党谈判；宣传中国共产党的抗日救国主张和八路军的战绩；巩固和发展了抗日民族统一战线；营救了被关押在江、浙两省的1000多名政治犯；恢复和建立了长江流域及华南地区的中共组织；还为陕甘宁边区和八路军采办了大量的军需、民用物资；筹备出版《新华日报》。现为省级文保单位，南京爱国主义、革命传统教育的重要阵地，免费开放。

复成新村10号，有一幢带有庭院的楼房，是顾公泰父亲的房屋。顾公泰，1917年5月生于江苏南通，

图6-4 金陵制造局 资料来源：《南京红色印迹（1921—1949）》

图6-5 八路军驻京办事处旧址
资料来源：https://rednanjing.cn/redsource/Redsource/article/id/83.html

图 6-6　复成新村 10 号　资料来源：笔者摄

抗战期间在内迁到四川的武汉大学学习，积极向党组织靠拢。1946 年 6 月毕业后，根据党的指示，顾公泰前往南京进入邮政储金汇业总局南京分局工作，以这个职业为掩护从事地下斗争；同年 9 月，他光荣地加入了中国共产党。1947 年底，顾公泰父亲典下复成新村 10 号供一家人居住。1948 年 12 月，顾公泰说服父亲动员全家迁出，此时刚从四川到南京从事地下工作的万放、刘舒夫妇承担了进驻和看守秘密开会处的职责。夫妻俩不分昼夜关注着复成新村内大大小小的动静，随时准备应对突发状况，确保了秘密开会处一直使用到南京解放。其间，中共南京市委 5 人经常到这里碰头开会，这里实际上也成为南京解放前夕市委主要活动地之一。建筑现保存完好，为尚未核定公布为文保单位的一般不可移动文物，不对外开放。

还有一处民国南京第一贫儿教养院——李耘生烈士革命活动地旧址，位于秦淮区白下路 101 号，建筑占地面积 228.45 平方米，保护范围面积 920 平方米。现存状况完好，不开放。

图 6-7　李耘生
资料来源：《南京红色印迹(1921—1949)》

1912年,黄兴夫人徐宗汉奉孙中山之命,利用清代上元县衙创办"第一贫儿教养院"。1930年下半年,南京党组织遭到严重破坏。1931年2月,李耘生受中共江苏省委派遣到南京重建市委,他以南京贫儿教养院历史教员的身份为掩护发展党组织,半年多建立党支部10多个,发展党员近200名,南京党组织得到恢复和发展。1931年底成立南京特委,李耘生任特委书记,负责南京及附近地区各县党的工作和武装斗争。1932年4月,南京党组织再次遭到严重破坏,李耘生被捕入狱,6月8日被押往雨花台刑场英勇就义,年仅27岁。该建筑为南京市文物保护单位。

6.3.2 登录保护

南京历史文化名城保护的登录保护,是指除指定保护内容之外,对有一定历史文化价值、现状保存较好的重要文物古迹等历史文化遗产,按地方法规进行登录保护。重点保护具有一定历史文化价值的历史要素,不得损坏、擅自拆除、改变风貌,保护周边自然环境、格局、空间尺度,鼓励多元化的传承利用。

本次红色文化资源点评价结果中,综合价值得分60分(含)至80分、实体尚存且不在现有保护体系的资源,应参照重要文物古迹的保护要求,进行登录保护。这一类包括姜铨旧宅——陈毅暂住地旧址、横山人民抗日斗争纪念馆、陈家大戏台——粟裕抗日演讲处、竹镇革命烈士陵园等共10处。

6.3.3 规划控制

南京历史文化名城保护中,对其他历史文化遗存进行规划控制保护,由市城乡规划主管部门制定相应的保护管理要求。

图6-8 民国南京第一贫儿教养院——李耘生烈士革命活动地旧址今昔对比
资料来源:左图 https://rednanjing.cn/redsource/Redsource/articlelid/182.html 右图笔者摄

本次红色文化资源点中综合价值评分60分以下、实体尚存且不在现有保护体系的资源,应纳入规划控制保护,确保历史文化信息的传承。这类资源共17处。

规划控制建筑不得拆除,应延续原有高度、体量、风貌不得改变。

如新四军第五兵站旧址,位于高淳区桠溪镇赵村的赵家祠堂内。该旧址坐北朝南,清末建筑风格,原有前中后三进,现仅存青石门楼一处、偏房两间,青砖小瓦,砖木结构。1938年6月,新四军东进苏南敌后,创建了以茅山为中心的抗日根据地。溧高边区的开辟与建党工作也由此开始。1939年2月,新四军第五兵站就设在高淳县桠溪赵村的赵家祠堂内。兵站一方面筹措军需物资、接送来往人员,另一方面在附近村庄宣传新四军的宗旨和党的抗日统一战线政策、抗日

图6-9 纪念性设施——横山抗日纪念馆及内部陈设　资料来源:笔者摄

图6-10 新四军第五兵站旧址　资料来源:笔者摄

的有利条件与光明前途。兵站先后吸收党员，创办了小型兵工厂，制造木柄手榴弹，兼搞枪械检修。新四军第五兵站的设立是抗日根据地建设的重要组成部分，是不断反击日伪掠夺、封锁的战略决策。

6.3.4 保护性展示

保护性展示，是指资源综合价值评价中，实体损毁或灭失，或新建的纪念广场等，应重点保护空间场所蕴含的红色精神，采取挂牌说明、新建广场、绿化游园、用雕塑小品等方式进行保护与展示。这类资源共68处。

目前，部分乡村地区的红色文化资源实际上已经采取了该方式，为战斗遗址、烈士墓等挂牌立碑，展示该处空间场所在历史上发生的重要事件、重要人物与相关事迹。而在城内，实体损毁

图6-11 花墙门战斗遗址 资料来源：笔者摄

灭失后原址已新建其他建筑，空间局促，反而未对资源进行挂牌和展示说明。

战斗遗址是保护展示类的主要代表。比如花墙门战斗遗址，它位于高淳区桠溪镇花墙门村。1944年9月6日黄昏，下坝据点七八个伪军，闯入花墙门附近的闸龙口（今石浪口）村骚扰。花墙门的民众、游击小组闻报后，立即赶至该地将敌击逃；当日深夜，下坝据点伪军60余人窜至花墙门进行报复性"扫荡"，烧毁房屋130多间。村民被敌人的暴行激怒，在安兴（今桠溪）大队助战下，阻击来犯之敌，敌人被击溃。翌日清晨，东坝、定埠据点的日伪军共百余人，分东、西两路同时来犯。花墙门村民、游击小组队员和区大队并肩战斗，向来犯的日伪军发起冲锋；溧高县总队也派兵增援，三面夹击予敌重创，并乘胜追击至下坝据点，焚烧敌碉堡两座。花墙门战斗的胜利，充分显示了军民团结抗战的巨大威力，成为苏南民众群策群力抗敌的典范。

图 6-12 南京云台山烈士陵园　资料来源:笔者摄

6.4 分类保护利用要求

红色文化资源所存在的物质形态分为红色物质文化资源和红色非物质文化资源两大类。根据革命遗址的一般分类标准,红色物质文化资源的主要类型包括了重要机构所在地、重要会议旧址,革命领导人旧居、活动地或墓地,重大事件发生地和重要战役遗址,影响重大的革命烈士牺牲地或墓地,新中国成立后新建的"在地性"纪念馆、塔、堂等设施,以及红色文化相关的题刻及标语等。而红色非物质文化资源主要包括了革命精神、红色故事、红色文艺等。从遗产保护利用角度,分为红色建筑及建筑群,红色遗址、遗迹,纪念性设施及红色非物质文化四类。

6.4.1 红色建筑及建筑群

红色建筑包括重大事件发生地、机构所在地、重要会议旧址、领导人旧居故居等建筑。在进行保护时,除保护主体建筑的格局、形制和外观,还应注意保护当时使用的附属建筑、庭院、屋场等历史空间和各类生活设施,以及保留特殊历史事件造成的损伤痕迹等,从而实现革命时期历史场景的整体呈现。同时,建筑的材料工艺、构造方法、内部装饰由于反映了特定的历史时代和地域特色,同样应

图 6-13 渡江胜利纪念馆前的"京电号"小火轮展示　资料来源：笔者摄

当进行一并保护。对于已经出现外观损坏和质量隐患的建筑，应当及时进行加固和修缮，修缮时要遵循"修旧如旧"的原则，建筑外观风貌和空间格局应当尽量保持不变。

同时，应开展针对革命标语、题刻、宣传画、墨书等的专项调查工作，做好记录并留档；完善保护标识，并根据不同材料及做法开展专项保护。附着于指定保护、登录保护建筑物上的革命题刻及标语，与建筑一并保护展示；附着于其他建筑上的题刻标语应尽量原址保护，特殊情况下可揭取异地集中保护展示。

红色建筑及建筑群之所以能够吸引人们的注意力，是因为它们与重要历史事件或人物密切相关，被赋予了重要的历史价值和纪念意义，因而人们在对其进行保护的同时也应当重视对它们的展示和利用。已经对外开放的红色建筑，在其建筑周边道路上可增加指示牌和地面引导图案，在建筑外立面上可以通过挂牌进行历史介绍和展示，在建筑内部的布局和陈设上，除了可以进行原状陈列或复原陈列外，还可以依据其历史信息选定展示主题，以时间脉络或事件串联形成观览逻辑，从而增加参观者的历史感知。而对于目前产权私有的红色建筑，其展示应当经得产权所有者的同意，在不影响屋主日常生活的情况下进行观览活动，也可由政府出面经过协商取得建筑产权并进行开发展示。

6.4.2　红色遗址、遗迹

红色遗址、遗迹包括战役战场遗址、烈士牺牲地、重大事件发生地等。有条件时应参照考古

图6-14 划子口渡江纪念馆和主题纪念文化广场设计
资料来源：南京市规划设计研究院有限责任公司《龙袍街道长江社区发展规划暨长江村三组、四组精品美丽乡村建设规划》项目成果

2020年3月，在南京市规划设计研究院正在开展的长江村村庄规划设计中，原划子口只作为滨江公园绿地安排，由于划子口渡江战役红色文化资源的挖掘，规划引导在原划子口滨江公园内，利用现有的废弃油罐及场地，形成划子口渡江纪念馆和主题纪念文化广场。

遗址的保护要求，科学规范地开展必要的勘察与发掘、研究工作，并结合文献研究、口述史研究等对遗址的主要价值载体进行认真甄别。在初步确定红色遗址的所在位置后，对现场进行精细勘察，并找寻可能残存的历史痕迹，如弹孔和战壕等，这些革命痕迹、遗存是进一步明确遗址位置的依据，应当及时确定边界并做出界限标识。

由于重大事件、战役战场等红色遗址、遗迹往往涉及的范围较大，且处于露天状态，易受到自然风化、水土流失及农业生产等影响，因此除了找寻到的遗留痕迹和遗存外，还应当特别注意加强环境和景观特征保护，重点保护整体地形与风貌环境。

红色遗址、遗迹大多散布在乡村地区，交通相对不便，可进入性较差。对于重要的遗址、遗迹可以通过设立标志牌，增强介绍和说明，从而防止革命历史被遗忘。在进行保护性展示时，应当充分考虑其资源状态和外在环境，如果遗址已灭失的，应当尽可能在附近街道空间、街角绿地、广场、山体入口等人流较集中的区域设置标牌和雕塑小品。在展示手法上，应当依据资源自身状况选择革命历史时期原貌展示或是修复展示，鼓励与爱国主义教育和国防教育基地建设等结合，从而提升资源的活力。

6.4.3 纪念性设施

纪念性设施主要是为了弘扬红色精神、宣传革命事迹而建造,表达了对革命先烈的追忆。如渡江胜利纪念馆、雨花台烈士纪念馆、张闻天纪念馆等,为市民提供了参观学习及吊唁的场所。这些纪念性建筑和设施往往保存情况较好,对其的保护措施主要是加强日常管理和清理维护,从而形成整洁、美观、肃穆的建筑环境。总之,保护纪念性建筑和设施,应当强调其整体氛围和环境的维护,从而达成追忆历史、悼念先烈的目的。

墓地、陵园这类纪念性设施则应结合研究,明确陵体范围,保护原有墓碑、石雕、石刻等。按照《烈士纪念设施保护管理办法》规定,确定各级墓地陵园的建设管理标准,严格控制墓、陵及纪念性建筑的改建、扩建,确有需要的,须严格履行报批程序。陵园墓葬内维护本体,注意周边台阶、路面等环境要素的维修和绿化的整理改善,改善交通与停车条件。

纪念性红色建筑、设施可以通过纪念氛围的营造和数字化场景的再现进行展示和彰显红色文化。纪念氛围的整体营造,不仅要考虑建筑形态和尺度把握,还应当通过自然景观的意境化处理及声光电的感官刺激,强化观览者的体验感,从而达到较好的纪念和展览效果。

例如,泰兴市曲霞镇印达村是解放战争英雄印达的出生地,规划围绕印达故居形成印达文化纪念主题广场。规划对印达故居进行修缮,作为印达陈列馆对外开放。在其南部建红色文化长廊,在其东侧建纪念碑、纪念泉、休息座椅等,加强对印达英雄的宣传,形成中小学生教育基地。

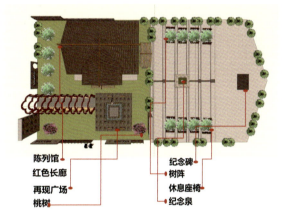

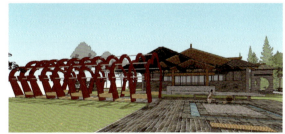

图6-15 印达村烈士纪念馆及纪念广场设计
资料来源:南京市规划设计研究院有限责任公司《泰兴市曲霞镇印达村特色田园乡村规划》项目成果

美国越战纪念碑并不像一般纪念碑那样高达雄伟,而是以向下坡的 V 字形黑色花岗岩砌成纪念墙,57000 多个名字被刻在像两面镜子一样的花岗岩墙体上,寓意着大地开裂接纳英雄,具有强烈的震撼力。前面有一组男兵雕像,碑尾端则是一组女兵雕像,纪念碑情调低沉,严肃。这个纪念碑是由华裔女设计师,当时还是耶鲁大学建筑系四年级学生,著名建筑大师林徽因的侄女林璎设计。

图 6-16　美国越战纪念碑及环境设计　资料来源:笔者摄

6.4.4　红色非物质文化

革命历史不仅留给了南京大量的物质红色文化资源,还孕育了极为丰富且珍贵的红色非物质文化。南京的红色非物质文化涵盖了红色精神如雨花精神、渡江精神等,红色文艺、红色事迹等不同门类。应全面保护 165 处红色文化资源关联的非物质文化,拓展至南京全市现存各类红色精神文化。

(1) 挖掘整理红色精神,建立红色非物质文化资源库

积极挖掘南京市现存的各类红色非物质文化,继续推动革命英烈事迹、革命精神等红色非物质文化的普查,持续滚动公布红色非物质文化名录。同时,应当明确保护责任单位和保护资金预算,从而落实具体保护责任,确保保护资金的充足和专款专用,即专门用于红色非物质文化资源的普查、抢救、宣传等事项。

(2) 恢复红色文化历史空间,促进非物质文化资源的传承

保护与传承非物质红色文化资源,可以考虑恢复资源所在地具有革命意义的传统地名及街巷名

称，城市新建道路的命名也可以适当考虑红色文化内涵的彰显，使得非物质红色文化精神渗透进人们日常生活和社会生活的方方面面，以更加鲜活的展示方式和流动的传承方式，增强市民对红色文化的认同感和历史感。

（3）预留非物质文化展示空间

从一定程度上来说，红色精神、红色故事的产生与发展都是依赖一定的空间场所与环境的，一旦脱离空间场所环境，其保存状态就会面临消亡。因而红色非物质文化资源的保护应当充分保护与利

图6-17　雨花台烈士纪念馆"沉浸式讲解"
资料来源：https://www.rednanjing.cn/article/2019/cid/2.html

用现存相关空间场所,同时,在无空间载体或空间局促的情况下,应积极预留与红色非物质文化相适宜的物质空间载体与环境,在保留的物质要素的基础上,植入新的合理功能,使得非物质文化资源与红色文化空间有机融合,将非物质文化实体化,让人们能够更加清晰地感知。

(4) 多元化展示传播,传承红色文化内涵

在具体保护和展示方法上应当运用多元化的手法,积极运用网站、手机移动端、APP、微信公众号等方式宣传红色精神文化,加强红色文化资源管理机构与周边机关、企事业单位、社会组织、驻地部队的共建共育,有计划地组织公众特别是青少年到红色资源点参观学习,大力开展红色文化的研学旅行。支持学校将红色文化教育纳入日常文化教学,并积极开展爱国主义教育和社会实践活动。鼓励红色文化资源点的管理单位采用"流动博物馆"等方式,进一步融入社会。种种展示传播方式都将有利于促进无形红色文化转变为有形形式,从而促进红色精神文化的保护和延续。

第七章 "展红色蓝图"

——南京红色文化资源分层保护展示空间整合

红色文化资源的保护利用提倡"因地制宜、因城而宜",在空间层面上应当将其纳入城市发展的系统中去研究,采用"整体性"的思路和方法,而不应只局限于"点"的保护。在南京实践中,根据资源总体分布与价值特色,确定"市域—红色文化集聚区—红色文化主题片—红色文化资源点"相互联动的四层次空间保护利用体系。

7.1 市域保护利用空间结构的构建

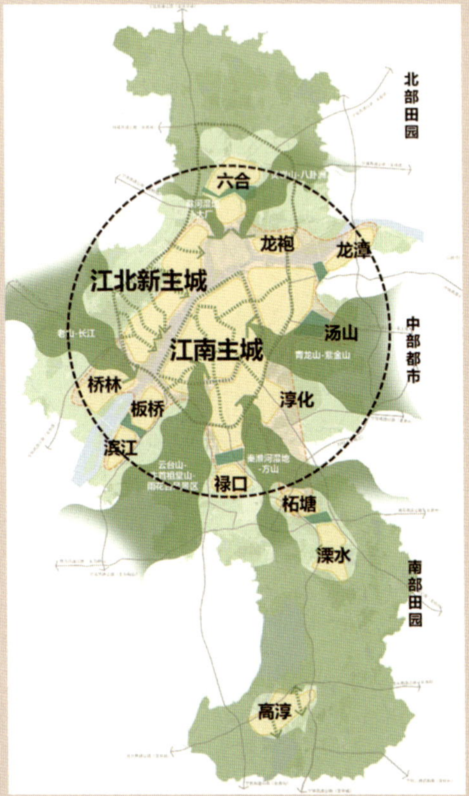

7.1.1 南京市域空间格局的特征

南京市行政辖区总面积为 6587 平方千米,未来南京的城市总体格局可以总结为"南北田园、中部都市、拥江发展、城乡融合"。

市域北部的六合,南部的溧水和高淳是两片特色田园乡村地区,以乡村振兴为目标,将促进生态农业和休闲旅游业的融合发展,形成市域重要的郊野休闲空间。

市域中部地区分为江南主城和江北新主城,是未来南京的高度城市化地区,也是南京创新名城和美丽古都建设的主体承载区。其中,江南主城以老城—钟山风景区为核心,是最能体现南京古都特色和中心城市功能的区域。

在城乡空间布局上,未来南京将继续以长江为轴,通过滨江高等级交通,组织各级城镇组团和城市中心,形成一江两岸、联动发展的格局;以放射形交通为发展轴,以绿色生态空间相间隔,串珠状布局城镇组团,形成功能互补、服务一体、高度融合的城乡空间网络。

7.1.2 南京红色文化资源空间分布的特点

(1) 不同时间段红色文化资源的空间分布特点

结合第三章的红色文化资源现状分析可以看出,不同时间段范围内,南京红色文化资源在空间上具有一定的集

图 7-1 南京市域空间结构图
资料来源:南京市规划与自然资源局

聚特征,这与各个时期共产党领导人民进行革命斗争的活动区域有重要关系。

1919年至抗日战争前的红色文化资源主要分布于浦口、江南主城,空间上相对集中。抗日战争时期的红色文化资源在全市分布较分散,除主城以外,市域北部以六合的竹镇、桂子山—金牛山为主要集聚区;市域南部以溧水李巷、高淳淳溪为主要空间载体。而解放战争时期的红色文化资源则呈现出在六合老城、主城和高淳淳溪三片区域内相对集聚的空间分布特点。

(2) 南京红色文化资源的空间集聚特征

虽然南京的红色文化资源在市域空间上分布广泛且较为分散,但通过提取不同时间段重要红色文化资源相对集聚的区域并叠合分析后,可以发现南京市域的红色文化资源在空间上总体呈现出北、中、南三大集聚区域。

市域北部在六合北部集聚;中片以江南主城内的老城和江北新主城内的顶山最为集中;南片在溧水的李巷周边和高淳的淳溪周边又形成了南部的集聚片区。三大集聚区在空间上相对独立,但其内部资源的内涵和价值又彼此联系,相互补充。

7.1.3 南京红色文化资源市域保护利用空间结构

以南京红色文化资源的三个集聚区为基础,利用南京城市山川形胜的资源禀赋,通过道路、水系串联整合各类文化资源和公共活动空间等要素,并结合未来城市功能发展要求,在市域构建"三区、两线、十三片"的保护利用空间结构。

图7-2 1921年至抗日战争前主要红色文化资源分布图
资料来源:笔者绘

图7-3 抗日战争时期主要红色文化资源分布图
资料来源:笔者绘

图7-4 解放战争时期主要红色文化资源分布图
资料来源:笔者绘

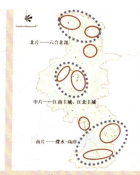
图7-5 南京红色文化资源的空间集聚示意图
资料来源:笔者绘

(1) 三个红色文化集聚区

在市域的北、中、南根据红色文化资源的集聚程度、价值重要性和红色文化的发展脉络，明确三个重要的红色文化集聚区。

中片的主城红色文化集聚区，以党在南京城内重要的革命斗争和各时期工人、学生爱国运动为价值特色，是需重点保护与展示的区域。

南片的溧水—高淳红色文化集聚区，是以抗日战争时期新四军在南京外围的革命斗争为主要线索，突出保护和展示溧水、高淳地区抗日斗争的遗存和事迹。

北片的六合北部红色文化集聚区，重点保护和展示以竹镇抗日民主政府、金牛山战斗为核心的民族抗战精神。

红色文化集聚区内鼓励红色文化资源的保护利用与城市文化旅游、乡村振兴、传统村落保护、环境综合整治等紧密结合，以利用促进保护。

(2) 两条区域联络主线

为了加强三个红色文化集聚区之间的联系，在市域层面组织东、西两条红色文化联络主线。红色文化联络线的方向选择主要考虑串联集聚区外相对分散的红色文化资源点，同时结合红色文化资源集聚区内部的资源串联路径和集聚区外重要的山水环境、乡村特色资源和文化空间的串联，在具体的线路选择时，可结合各级城市道路灵活安排。

区域联络东线，北起六合金牛山—桂子山战斗遗址，向南沿东部干线串联六合横梁及龙袍的红色文化资源点；经八卦洲进入主城后，沿明外郭及紫金山东麓向南至江宁；在江宁区内沿秦淮河、方山串联周边红色文化资源，在溧水区内沿其东部的卧龙湖、大金山、东庐山、回峰山一线至红色李巷。

区域联络西线，北起六合送驾党支部纪念馆(六合农村第一个党支部成立地)；经大泉湖、竹镇后沿西部干线至程桥，向南过滁河后进入江北新区；在中片的主城红色文化集聚区内沿红色资源串联线南下，联系江宁西部牛首山、祖堂山、云台山周边的红色文化资源点后至江宁横山抗日主题片；在溧水区内，沿石臼湖东岸向南至高淳漆桥镇；在高淳区内向东止于淳溪镇。

在两条区域联络主线的基础上，在东西方向上伸展出若干条红色文化资源的一般联络线，进一步丰富市域层面的红色文化资源的展示利用线路。

由东、西两条区域联络主线和集聚区内部的红色资源串联线以及由此伸展出的若干条红色文化资源一般联络线，共同构成了南京红色文化保护、展示、利用的网络。

（3）十三个红色文化主题片

根据各类红色文化资源点的空间集聚程度、精神价值内涵和主题时代特征，在市域确定十三个红色文化主题片。红色文化主题片是南京红色文化的精华所在，是未来保护、传承、展示、利用的核心。

市域北部确定三个红色文化主题片，分别为六合竹镇——苏皖边区中心抗日斗争片、六合金牛山—桂子山战斗遗址片和六合东部抗日斗争片，其中六合竹镇—苏皖边区中心抗日斗争片和六合金牛山—桂子山战斗遗址片位于六合北部红色文化集聚区内。

市域中部明确六个红色文化主题片，按其主题特色，自北向南分别为两浦铁路工人革命斗争片、下关工人革命斗争与渡江胜利片、汉口路—学府路学生爱国运动片、长江路迎接解放片、城南革命斗争片和雨花英烈片。市域中部的六个红色文化主题片区全部位于主城红色文化集聚区内。

市域南部的四个红色文化主题片，分别为江宁西南部的横山抗日斗争片、溧水东南部的李巷抗日斗争片、高淳区内的淳溪抗日斗争片和西舍抗日斗争片。其中，溧水李巷抗日斗争片和高淳西舍抗日斗争片位于溧水—高淳红色文化集聚区内。

表 7-1 红色文化主题片区一览表

序号	全市区位	红色文化主题片区名称	所在集聚区
1	市域北部	六合竹镇——苏皖边区中心抗日斗争片	六合北部红色文化集聚区
2		六合金牛山—桂子山战斗片	
3		六合东部抗日斗争片	——
4	市域中部	两浦铁路工人革命斗争片	主城红色文化集聚区
5		下关工人革命斗争与渡江胜利片	
6		汉口路—学府路学生爱国运动片	
7		长江路迎接解放片	
8		城南革命斗争片	
9		雨花英烈片	
10	市域南部	横山抗日斗争片	——
11		溧水李巷抗日斗争片	溧水—高淳红色文化集聚区
12		高淳西舍抗日斗争片	
13		高淳淳溪抗日斗争片	——

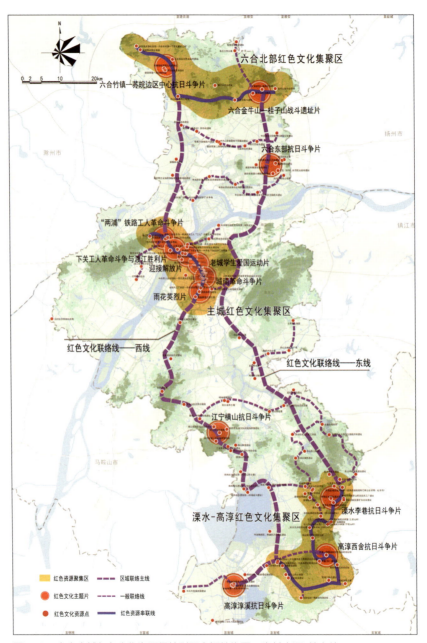

图 7-6 南京市域红色文化资源保护利用空间结构图　资料来源：笔者绘

7.2　三大红色文化集聚区的线路串联

7.2.1　六合北部红色文化集聚区

六合北部红色文化集聚区总体上沿东西方向展开,形成"2+1+1"的空间结构,即两个红色文化主题片、一条红色文化资源串联线和一条一般联络线。

两个红色文化主题片,分别是六合竹镇——苏皖边区中心抗日斗争片和六合金牛山—桂子山战斗遗址片。两个红色文化主题片是市域北部最重要的红色文化资源集聚地,周边的自然、文化、农业和旅游资源也较为丰富。

联系东、西两个红色文化主题片的红色文化资源串联线,总体沿扬滁公路和西部干线组织。串联线东起金牛山战斗遗址,向西联系合王庄战斗遗址、骡子山战斗遗址、邓山头革命烈士陵园,沿西

图7-7　六合北部红色文化集聚区示意图　资料来源:笔者绘

部干线北上经南京历史文化名镇竹镇向西折向竹镇革命烈士陵园及送驾党支部纪念馆,沿线还可串联芝麻岭—大泉湖风景区、金牛湖旅游度假区、平山森林公园、坝上草原等景点。

为进一步加强集聚区内其他红色文化资源的联系度,在集聚区东部,以六合金牛山—桂子山战斗遗址片为起点,沿东部干线继续向北经冶山后联系六合北部的东王三烈士墓和张劲夫暂住地遗址等红色文化资源,形成一条六合东部的红色文化资源一般联络线。

7.2.2　主城红色文化集聚区

主城红色文化集聚区是南京红色文化的精华所在,特别是在老城和江北的津浦铁路沿线,红色文化资源的数量多、密度大、集聚度高,主题特色鲜明,是全市红色文化资源保护利用的核心,总体上形成"1+6"的空间结构,即以一条红色文化资源串联线为主轴,串联起六个红色文化主题片。

主城的红色文化串联线北起浦口珍珠泉旅游度假区内的浦口无名烈士纪念陵园,沿浦合路抵达两浦铁路工人革命斗争片,此区域内是展示南京早期工人运动的重要场所,沿线有南京工运纪念馆——两浦铁路工人"二七"大罢工指挥所旧址、两浦铁路工人"二九"大罢工卧轨处旧址、中共南京市第一次代表大会遗址等重要红色文化资源。沿津浦铁路方向(新马路)南下,串联南京地区第一个农村党支部——中共九袱洲支部遗址后,抵达两浦铁路工人"七二"大罢工旧址和浦口轮渡码头。

通过轮渡方式南下至下关码头,联系下关工人革命斗争与渡江胜利片。该片红色文化资源有两大主题特色,一是南京渡江胜利的重要纪念地;二是下关各个时期的工人运动和地下斗争的见证地。

进入老城,在老城范围内,以汉口路—学府路学生爱国运动片为中心,通过学府路、中央路、中山路、中山南路一线串联各高校区域的红色文化资源点。与汉口路—学府路学生爱国运动片紧密联系的是长江路迎接解放片,该主题片以总统府——人民解放军占领南京标志地为中心,与渡江胜利片遥相呼应,以长江路为轴串联起梅园新村纪念馆——中共代表团办事处旧址、国民大会堂旧址——人民解放军与南京地下党会师大会地等体现南京解放特殊意义的红色文化资源点;同时,该主题片也是党地下斗争和隐蔽战线的重要阵地所在。

再往南的老城南地区,是南京历史最悠久、文化积淀最丰厚、传统商业和民居最密集的地区之一,这里的红色文化资源以地下斗争为主题特色,与老城南其他历史文化资源紧密结合,通过白下路、中华路将这些资源相互联系。

沿中华路南下,主城红色文化集聚区结束于雨花英烈片。雨花英烈片是南京最重要的红色文化主题片,在全国具有较高的影响力,是南京红色文化资源保护利用核心空间载体,也是价值特色最鲜明的红色文化宣传教育窗口。

图 7-8　主城红色文化集聚区示意图　资料来源:笔者绘

主城六片一脉相连、紧密相依,自党小组成立与早期革命斗争之地始,至英勇就义之处止,最集中展现了南京红色文化脉络与精华。

7.2.3　溧水—高淳红色文化集聚区

溧水—高淳红色文化集聚区位于溧水东南和高淳西北相接的区域,总体上沿市界在南北方向上展开,形成"2+1+1"的空间结构,即两个红色文化主题片、一条红色文化资源串联线和一条一般联络线。

两个红色文化主题片,分别是溧水李巷抗日斗争片和高淳西舍抗日斗争片。这两个红色文化主题片所在的区域是南京新四军革命战斗资源最丰富的红色文化集聚地,同时这两个主题片周边的山水资源丰富、乡村旅游发达,是红色文化保护利用与乡村旅游发展相融合的最佳发展区域。

在两个红色文化主题片之间,以 246 省道为主轴,周边旅游绿道为织补,形成一条"S"形红色文化资源串联线。

此串联线在溧水区内北起溧水苏南反顽战役遗址群(苏南反顽战役阵亡将士纪念塔、纪念馆),串联起李巷周边的新四军苏南茅山军分区兵工厂遗址、中共苏皖区委扩大会议遗址和青年抗日救国训练班遗址后向南沿省道 246 延伸,继续联系芝山北部的抗大九分校旧址群(抗大九分校校部驻地旧址、第一大队队部驻地旧址、第二大队队部驻地旧址、第三大队队部驻地旧址)。

在高淳区内,自西舍村向东南方向串联新四军第五兵站旧址,结合慢城桠溪境内的各类乡村旅游资源向南联系花墙门战斗遗址和刘道清烈士墓后,沿芜太公路向西抵达东坝镇附近的潘家花园——陈毅暂住地旧址。最后沿235国道北上,经游子山烈士陵园、东坝战役遗址、溧高战役遗址后,结束于漆桥镇的谦泰染坊旧址——中共溧高县工作委员会活动地和福昌五洋商店旧址——中共漆桥区委活动地,并与市域联络线相衔接。

由于此区域内的红色文化资源相对丰富,因此,在集聚区内,除了组织一"S"形红色文化资源串联线外,在李巷的西北方向还衍生出一条一般联络线,该一般联络线南起晶桥的抗大九分校旧址群,向北沿无想山西南方向串联苏南反顽战役遗址群(铜山战斗遗址)、里佳山烈士墓、新桥战斗遗址、新桥会师遗址、秋湖小学旧址、琴音合作社旧址、西宋事件遗址后,继续向西、向北与溧水区内的其他红色文化资源点进行串联,形成层次丰富的串联组织线路。

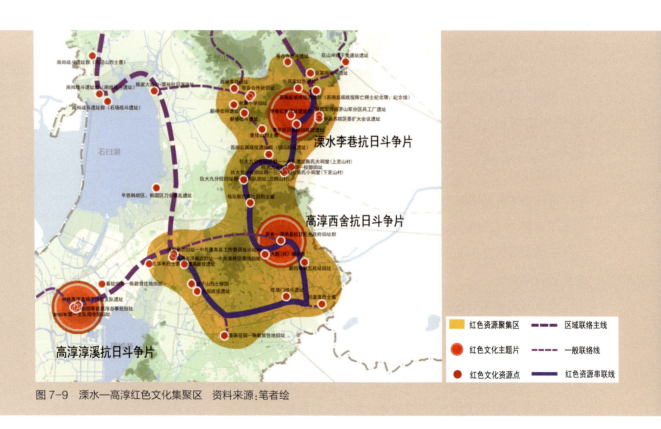

图7-9 溧水—高淳红色文化集聚区 资料来源:笔者绘

7.3 主题片文化环境的营造

市域十三个红色文化主题片,主题突出、个性鲜明,共同成就了南京丰富多元的红色文化。各片内,围绕核心主题形成主要资源点、次要资源点并通过主、次要路径串联,在主次路径上进一步延伸串联片区内其他相关资源,丰富文化景观体验,营造片区文化环境。

7.3.1 雨花英烈片

该片内三处主要资源点分别为雨花台烈士陵园、皖南事变三烈士墓及金陵兵工厂——中共南京地方组织革命斗争地。

片区主要路径为应天大街—陵园—雨花路—紫荆花路—花神大道。雨花台烈士陵园为片区内核心主题红色文化资源点,该主题片以雨花台烈士陵园为中心,出其南大门向南沿雨花大道转至紫荆花路、花神大道,入雨花功德园内,可联系园内中心的皖南事变三烈士墓;出其北大门向北转至应天大街后可联系金陵兵工厂——中共南京地方组织革命斗争地。

在主要路径北部,沿雨花路北延出一条次要路径,通达长干桥、中华门。中华门原称聚宝门,是中国现存规模最大的城门,古代防御性建筑的杰出代表。中华门守卫南京城几百载,经历了战火的洗礼、见证了城市兴衰而保存完好,是南京人心中的神圣标志。中华门南部延伸出一条串联路径,东起金陵兵工厂旧址东部改造形成的晨光1865创意产业

图 7-10 雨花英烈片展示与利用引导图 资料来源:笔者绘

园,向西穿过金陵制造局历史文化街区,联系大报恩寺遗址公园,再往西抵西街及越城文化广场。这一线路,或步行、骑行,或游船,可观明城墙之巍峨与外秦淮河之旖旎,可感金陵制造局及晨光机械厂近现代工业文明,可赞大报恩寺遗址与西街历史之厚重,近观雨花台、远眺牛首山,一路前行,南京城半部历史与荣光尽收眼底。

在主要路径南部,沿紫荆花路向东可串联南京科技馆及相邻的花神湖。南京科技馆是江苏省规模最大的现代化、多功能的科普活动场馆,园区内有湿地公园、后山、礼仪广场等户外景点,绿草茵茵、清波荡漾,椭圆形银色建筑充满现代科技感,南侧还有球幕影院,是孩子们玩耍娱乐的好去处。

片区未来以雨花台烈士陵园内景观提升为重点,在周边择址建设市级党史设施,提升交通设施和接待设施水平。

图 7-11　晨光 1865 创意产业园(原金陵兵工厂)

晨光 1865 创意产业园,其前身是李鸿章于公元 1865 年创办的金陵制造局,是中国近代民族军工的发源地之一。2007 年,南京晨光集团与秦淮区人民政府共同创办了"晨光 1865 创意产业园";2020 年 9 月,南京晨光集团及秦淮区政府再次共同打造具有鲜明特色的"晨光 1865 科技创新产业园"。

资料来源:《南京红色印迹(1921—1949)》

图 7-12　南京科技馆和花神湖　资料来源:笔者摄

7.3.2 长江路迎接解放片

长江路迎接解放片地处老城中心位置,该片内三处主要红色资源点梅园新村纪念馆——中共代表团办事处旧址、总统府——人民解放军占领南京标志地、国民大会堂旧址——人民解放军与南京地下党会师大会地相距不过数百米,均位于南京市著名的文化中心长江路的北侧。

国民大会堂原名国立戏剧音乐院,1935年由国民党要员孔祥熙等提议修建,1936年5月,国民大会堂正式竣工,是民国时期全国规模最大、设施最为先进的大会堂。1949年5月1日,人民解放军第二、第三野战军的代表以及南京的地下党干部3000余人在此举行了会师大会,刘伯承、邓小平、饶漱石、陈毅等参加大会并作重要讲话。会上宣布,经中共中央批准,新的中国共产党南京市委员会成立。会议之前,大会堂门口上方原国民政府主席林森手书的"国民大会堂"几个字被改为"人民大会堂"。

该片区内,长江路为主要路径,不仅串联起各主要资源点,自西向东亦串联了纪念"五二〇"学生运动广场、新生小学抗暴斗争遗址两处次要资源点,以及江宁织造府、南京图书馆、江苏省美术馆、六朝博物馆等关联资源点。

长江路以南又延伸出三条次要路径,分东、中、西三条。

最西侧次要路径,沿洪武路向南,进入新街口西

图7-13 梅园新村纪念馆——中共代表团办事处旧址
资料来源:笔者摄

图7-14 国民大会堂今昔
资料来源:上图为历史图片 下图为笔者摄

南象限,联系中央商场——中共地下党开展革命活动及同人自励会成立地。早在1945年初,华中局城工部领导下的南京工委委员陈慎言布置开展中央商场及附近地区的工人、店员工作,逐步建立党小组,1947年批准成立自励会,在党的领导下,自励会团结广大职工为自身权利展开合法斗争。1949年初,在反对资方搬迁的斗争中,自励会也起到领导作用。自励会又组织护场、护店斗争,使中央商场得以完整地保存下来,并在南京解放后的4月26日第一个开门营业,对迅速恢复市场正常供应起到带头作用,也为商场以后的发展奠定了基础。现在的中央商场已重新修建、原貌无存,但是当年革命斗争的事迹与精神仍在今日的繁华胜景中熠熠发光。

图7-15 长江路迎接解放片展示与利用引导图　资料来源:笔者绘

图 7-16　中央商场旧照
资料来源：历史图片

图 7-17　钟剑魂（1903—2005）　周镐（1910—1949）
资料来源：历史图片

　　中部的次要路径，由长江东街始，经过正元实业社遗址——钱壮飞革命斗争地，沿利济巷南下，向西继续经科巷、铜井巷，再转向南至延龄巷，即可达到南京电信局旧址——中共地下组织革命斗争地。当时的正元实业社是在中央饭店主建筑东侧二层木质小楼里一家卖无线电设备的商店，正元实业社遗址正是"龙潭三杰"之一的钱壮飞冒死救党之处。而南京电报局（当时在今太平南路润德里）早在 1930 年就建立了中国共产党支部，组织互助社，团结群众开展工作。期间数次遭受破坏、活动中断，于 1944 年恢复，1946 年至 1947 年建立党小组，成立工会、党支部，解放前开展护厂斗争，确保设备、器材、物资等完整移交。

　　东部的次要路径，由梅园新村纪念馆一直向南沿二条巷，达二条巷 41 号附近的新四军第三工作委员会联络点遗址。该处原为焦园，1944 年，焦园 6 号是汪伪警卫第三师师长陈孝强的住宅，焦园 4 号是汪伪苏北绥靖公署驻南京办事处主任洪侠的住宅。时受新四军和中共华中局领导的徐楚光奉命潜入汪伪政府，与洪侠接近，并通过洪侠与陈孝强相识，从事策反工作。代替陈孝强任三师师长的钟剑魂与徐楚光谈判后，率全师官兵及轻重武器开到六合县钟家集抗日根据地接受了新四军的改编。洪侠在徐楚光的启发和引导下走上抗日道路，并参加了中国共产党。焦园 4 号住宅在汪伪苏北绥靖公署驻京办事处的掩护下，也成了新四军第三工作委员会的联络点。焦园 5 号是徐楚光的黄埔同学、时任军统局南京站站长周镐的住宅，在老同学的引导下，周镐加入了中国共产党，并被中共华中局任命为京、沪、杭、徐特派员，后在南京被捕牺牲。该联络点在1986年建中山东路住宅小区时被拆除。该地点见证了革命志士们抛弃富贵、不畏艰险、意志坚定、勇于斗争的精神。

7.3.3　汉口路—学府路学生爱国运动片

该片主要红色文化资源点为金陵大学旧址——爱国进步学生活动地及南京大学革命烈士纪念碑、国立中央大学（国立东南大学）旧址、全国学生抗日爱国运动珍珠桥惨案旧址。片区主要路径为汉口西路—四牌楼—成贤街一带，除串联以上红色文化资源点外，亦连接吉兆营——中共南京地下市委情报系统联络站遗址、中共南京地方执行委员会机关驻地遗址、江苏第一监狱遗址——被捕中共党员斗争地、大纱帽巷10号——中共南京地方执行委员会联络点遗址等次要红色资源点和原国民政府司法部旧址关联资源点。

图7-18　汉口路—学府路学生爱国运动片展示与利用引导图　资料来源：笔者绘

在主要路径西北端,延伸出一条次要路径,沿南京大学东侧天津路,过鼓楼往北直达原国民政府外交部旧址;往东再转几道弯,不过数百米即可来到八路军驻京办事处纪念馆。沿傅厚岗过中央路继续向东延伸,沿百子亭台城路直达玄武湖。折向南沿高楼门可达大钟亭、鼓楼广场,东西向联系鼓楼公园、北极阁公园一线,再向东至和平公园后沿珍珠河畔一路南下,经过杨廷宝故居、中央图书馆旧址再回到全国学生抗日爱国运动珍珠桥惨案旧址。整个形成闭合的环线。

片区内,可结合高校校史馆、陈列馆、纪念碑等,设置以马克思主义传播、爱国学生革命活动为主题的校园内部展示路径。丰富校史中红色文化相关人物与事迹,开展各类宣传活动,组织学生间、校际交流。

7.3.4 城南革命斗争片

老城南地区是南京历史最悠久、文化积淀最丰厚,传统商业和民居最密集的地区之一。而这里的红色文化资源以地下斗争为主题特色,与老城南其他历史文化资源紧密结合。该片内主要红色文

图7-19 城南革命斗争片展示与利用引导图　资料来源:笔者绘

化资源点为钟英中学旧址——抗战胜利后南京首个中学党支部成立地、复成新村10号——解放战争时期中共南京市委秘密开会处旧址、九龙桥——南京"四一〇"烈士牺牲地、江南贡院明远楼——南京第一个总工会成立地等。

片区主要路径起于钟英中学,大致为洪武路—小火瓦巷—太平巷,转向申家巷,串联中共中央社会部上海情报站南京情报组遗址、火瓦巷小学——中共白下小教支部成立地遗址次要资源点,经复成新村,由常府街转向龙蟠路,往南沿秦淮河一直通达夫子庙的江南贡院明远楼。

自夫子庙向北沿太平南路大致串联起民国南京第一贫儿教养院旧址——李耕生烈士革命活动地、江苏省立南京中学第一院遗址——中共南京地下党活动地,形成次要路径。

自九龙桥沿东水关遗址公园、白鹭洲公园可回到夫子庙,形成滨水的延伸路径。

沿线可设置文化展示牌与线路展示牌,引导相关事件参观路线。在遗址类资源点附近,结合绿地广场等公共空间,设置标识标牌或雕塑小品,展示历史革命活动。九龙桥——南京"四一〇"烈士牺牲地应作为展示重点,结合公园整体设计展示主题与环境小品。江南贡院明远楼——南京第一个总工会成立地因地处繁华的夫子庙地区,更应以多种新媒体手段加强对红色文化的宣传与传播,为城南原本悠久的历史文化增添浓重的一笔。

图7-20 九龙桥——南京"四一〇"烈士牺牲地
资料来源:笔者摄

图7-21 如今的火瓦巷小学 资料来源:笔者摄

7.3.5 下关工人革命斗争与渡江胜利片

下关地区因临江,是南京最早开埠通商的地区,有着悠久的革命斗争历史。从早期的反帝爱国运动,到迎接南京解放,下关发生的诸多重大事件都有着全国影响力,片区内红色文化以工人革命斗争及渡江胜利最为突出。

片区主要红色文化资源点自北至南为和记洋行——中共领导下的工人斗争地、中共南京铁路下关车站支部旧址、首都电厂下关发电所——中共地下组织护厂斗争地、渡江胜利纪念馆,沿着江边路形成第一条主要路径。江边路沿线,首都电厂下关发电所已经建成公园,再往南,中山北路的尽头就是著名的下关中山码头,从这里有渡船往来于浦口与下关之间,联系长江两岸。自中山码头沿着中山北路往东,是第二条主要路径,途经热河路路口,可见环岛中心矗立着渡江胜利纪念碑。过挹江门入城内,左转入居民区,可达到孙津川居住地遗址,形成一条红色资源次要路径。

江边路一线,是南京滨江风光带的重要组成部分,下关火车主题园、铁路轮渡栈桥遗址、海军南京医院旧址、南京招商局旧址、下关历史陈列馆等点缀其间。同时,自江边路主要路径,也可以延伸出四条延伸路径联系周边资源。

第一条自主要路径北端向北,延伸路径连接大桥公园。第二条自南段渡江胜利纪念馆南侧正在建设党史综合设施项目,再往南延伸至宝船厂遗址公园。第三条

图7-22 和记洋行旧址——中共领导下的工人斗争地
资料来源:东南大学建筑设计研究院有限公司《南京和记洋行旧址保护及利用设计方案》

图7-23 渡江胜利纪念馆 资料来源:笔者摄

在江边路转折处，向东沿煤炭港环形铁路线至金川河。第四条自龙江路经铁路西站沿护城河一线，经天妃宫、狮子山公园、绣球公园、八字山公园、小桃园，至淮滨路，转向西继续沿秦淮河回到江边路主线，形成环线。

下关地区与两浦地区遥相呼应，同样拥有光辉的革命斗争历史，工人革命斗争、迎接解放胜利等重大事件高度关联。该片区可利用过江轮渡，再现渡江战役中"京电"号小火轮运送人民解放军渡江的场景。

下关滨江段可进一步提升打造市级党史教育主题公园，结合沿线多个重要红色文化资源，以景观塑造的方式展现南京红色文化重要人物事迹与场景。

和记洋行建筑内可提升专题布展，集中展示新民主主义革命时期党领导下的工人运动。

片区内各类资源丰富，在重要路径节点可增加设置关于红色文化资源的指示及导览标识。

7.3.6 两浦铁路工人革命斗争片

两浦地区，是南京地区第一个党小组成立地，革命斗争历史最久远、斗争也最为坚决。主要红色文化资源点为南京工运纪念馆——两浦铁路工人"二七"大罢工指挥所旧址、两浦铁路工人"二九"大罢工卧轨处旧址、中共南京市第一次代表大会遗址等。

图7-24 下关工人革命斗争与渡江胜利片展示与利用引导图
资料来源：笔者绘

图7-25 两浦铁路工人革命斗争片展示与利用引导图　资料来源：笔者绘

　　主要路径围绕南京工运纪念馆——两浦铁路工人"二七"大罢工指挥所旧址，一条向西经过浦镇车辆厂，到达中共南京市第一次代表大会遗址；另一条沿铁路南下，连接两浦铁路工人"二九"大罢工卧轨处旧址。可以进一步延伸串联周边的绿地广场。而主要路径西北端不远处是珍珠泉景区，内有浦口革命烈士纪念碑，可以凭吊缅怀。

　　斗争中最关键的领导人王荷波，其纪念馆与片区主题契合，但现址距离事件发生片区较远，应尽快迁址至事件发生地附近，形成两浦铁路工人革命斗争主题片区。

　　南京工运纪念馆周边环境迫切需要整治，增加停车等基本配套。内部亦可提升布展，展示中华工会成立—南京地区第一个党小组成立—"二七"大罢工—中共南京市第一次代表大会等一系列重要历史事件。

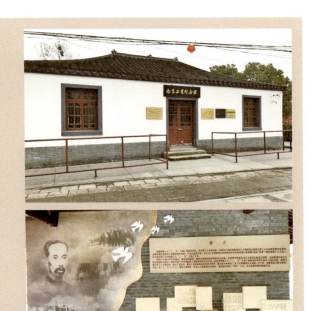

图7-26 南京工运纪念馆内、外景 资料来源：笔者摄

图7-27 两浦铁路工人"二九"大罢工卧轨处旧址
资料来源：笔者摄

各主要资源点、主题路径节点可设置指示牌，加强引导。主要资源点可设置主题性的雕塑小品。

7.3.7 横山抗日斗争片

横山是中国共产党在江宁地区建立的第一个抗日根据地。1938年5月，新四军第一支队一团挺进横山，开辟江（宁）当（涂）溧（水）抗日革命根据地，点燃了江南抗日烽火。横山抗日根据地军民在中国共产党的领导下，同仇敌忾抗日寇。敌方将抗日根据地视为眼中钉、肉中刺，处心积虑地妄图扼杀。1940年8月2日，日伪顽敌狼狈为奸，趁根据地新四军主力挥师北上进军苏中之际，煽动纠结地方反动组织制造了横山事变。1941年8月，横山县工委成立；1943年，横山县抗日民主政府指挥机关设在呈村。为纪念抗战时期在横山地区为革命献身的烈士，江宁区人民政府于2009年8月修建横山烈士纪念碑。

横山周边现在依然保存着横山县抗日民主政府旧址、横山烈士纪念碑、新四军先遣支队抗战指挥部遗址、新四军第一支队指挥部旧址等丰富的红色文化资源点。依托公路及村镇道路，联系主要资源点，可形成Y形主要展示体验路径。该路径东西两侧均可继续延伸，串联其他红色文化资源。向西，联系横山县新四军第一支队指挥部旧址。向东，利用村镇道路和山间道路，在田野和山林间兜兜转转，可联系横山人民抗日斗争纪念馆、横山事变遗

图 7-28 横山抗日斗争片展示与利用引导图　资料来源：笔者绘

址等红色资源点，形成东侧环线。

横山地区风景秀美，主题片内，除了联系红色资源点的主次路径，还有延伸路径串联起众多的景观资源，从西边的蟠龙湖森林公园、汽车公园、赵村水库，到东部的排驾口水库、溧塘水库，在体会革命文化的同时亦可观山亲水游园，涤荡身心。

该片内整合横山周边各类资源，形成特色鲜明的抗日文化旅游主题，结合美丽乡村重点打造江宁横溪街道呈村和溧水区石湫镇横山村，同时提供旅游服务配套。

7.3.8　溧水李巷抗日斗争片

1938 年 4 月，根据毛泽东指示，新四军先遣支队在粟裕的率领下，从皖南岩寺出发，开赴苏南敌后进行战略侦察，揭开了新四军东进抗日的序幕。

图 7-29 横山烈士纪念碑
资料来源:笔者摄

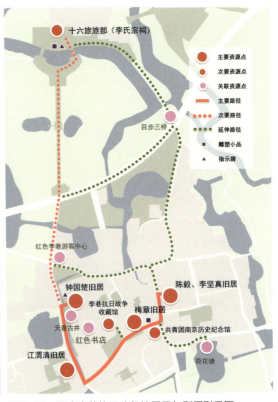

图 7-30 溧水李巷抗日斗争片展示与利用引导图
资料来源:笔者绘

　　位于南京城区以南的溧水县(现溧水区),是新四军最早到达的苏南地区之一,也是中共领导苏南人民进行抗日斗争的中心区。1941 年 11 月,当时的中共苏皖区委机关和新四军十六旅旅部的驻地溧阳塘马村遭到日军突袭。随后,苏皖区委机关和十六旅旅部共 1000 多人转移到溧水白马桥地区,与十六旅四十六团会合,区委领导机关和十六旅旅部驻在白马镇李巷村。

　　李巷位置偏僻,四面环山,利于隐蔽。随着新四军十六旅旅部、中共苏皖区委和苏南行政公署等苏南党政军首脑机关的进驻,李巷逐渐成为苏南抗战指挥中心,被称为苏南"小延安"。这里诞生了溧水区第一个农村党支部,陈毅、粟裕、江渭清、钟国楚等著名将领都曾在此战斗。这些领导人旧居、地下交通站旧址保留至今,成为李巷村最宝贵的红色记忆。

图 7-31　溧水区李巷村李氏宗祠（原）　资料来源：历史图片

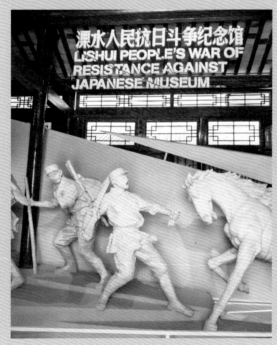

图 7-32　现李氏宗祠内景（兼溧水人民抗日斗争纪念馆）
资料来源：笔者摄

　　李巷红色遗址遗迹群包括李氏宗祠（溧水人民抗日斗争纪念馆、苏南党政军首脑机关驻地旧址）、陈毅旧居、李坚真旧居、江渭清旧居、钟国楚旧居、梅章旧居、地下交通总站旧址。现为区级文物保护单位。

图 7-33　钟国楚旧居　资料来源:笔者摄　　图 7-34　梅章旧居　资料来源:笔者摄　　图 7-35　地下交通总站旧址　资料来源:笔者摄

图 7-36　陈毅旧居　资料来源:笔者摄　　图 7-37　李坚真旧居　资料来源:笔者摄　　图 7-38　江渭清旧居　资料来源:笔者摄

图 7-39　李巷村鸟瞰　资料来源:笔者摄

如今的李巷,已经在市、区两级的高度重视下,实施并完成了保护建筑的修缮和环境整治工作,并获得江苏省传统村落等多项殊荣。李巷村内,建筑依然是青砖斗墙,巷子石板路蜿蜒、巷旁水渠清澈,头顶绿树成荫,村口湖塘棋布。新建的游客中心,改造后的餐厅、展示馆、红色书店、艺术工作室……设施繁多。既保留有历史的厚重,又被赋予了时代的气息。

该片在村内以主、次路径联系各领导人旧居,延伸串联村内的天香古井、抗日战争收藏馆、共青团南京历史纪念馆、陶艺吧等。向北联系李氏宗祠即现在的溧水人民抗日斗争纪念馆。该片可进一步挖掘、彰显历史文化,如建设村史馆,再现村子东北老村口历史上三步两桥的场景;于李氏宗祠附近进一步补充接待和服务设施;以村为中心,逐步与周边古村、相关红色资源建立联系。

7.3.9 高淳西舍抗日斗争片

高淳区桠溪镇跃进村西舍自然村有"红色堡垒"之称。1943年11月下旬,新四军十六旅取得溧高战役胜利后,苏南区党委建立溧高抗日民主政府,扩大茅山抗日根据地。新四军和溧高县委县政府广泛发动群众,建党、建政、建军、建厂、建校,巩固扩大根据地,支援前线,消灭日寇,西舍村也成了苏南抗战后期一个名副其实的红色堡垒。江渭清、王必成、叶飞、钟国楚等曾在此活动,留下了许多动人的故事,红色资源史料丰厚。现存状况完好,免费开放。

图 7-40 村口标识　　图 7-41 东平楼彩绘　　图 7-42 县总队　　图 7-43 区公所
资料来源:笔者摄　　资料来源:笔者摄　　资料来源:笔者摄　　资料来源:笔者摄

2015年开始建立爱国主义教育基地,修葺溧高县抗日民主政府大会堂、货管局、财税局、纺织厂、兵工厂、国华中学附属小学,原址复建溧高县抗日民主政府、安兴区区公所、溧高县国华初级中学、警卫营和县总队,并修建抗日烈士纪念碑、村史馆、非遗馆和戏楼;同时征集了抗战文物,设立了11个展厅。原南京军区副司令员、中国新四军研究会副会长徐承云将军欣然题词"新四军西舍抗日红色堡垒"。

西舍村内可形成环形主要路径串联区公所、统战部、溧高县民主政府纪念馆、西舍公堂屋、国华中学(芮家小祠堂)、溧高县民主政府、财粮股、兵工厂、村史馆、货管局等主要资源。核心环路以外,向西延伸路径串联西侧的水塘、芮氏祖墓、吊桥遗址等,东北方向延伸路径一直通达跃进水库。

主要路径可以铺装材质区分,在沿线统一标识标牌,精心设计与设置红色文化指示标识。结合文化旅游项目,以多种形式,在重要时间、重点空间再现当年的革命事迹与场景,给游人丰富的体验。

图7-44 溧高县抗日民主政府旧址
资料来源:笔者摄

图7-45 溧高县抗日民主政府大会堂纪念馆
资料来源:笔者摄

图7-46 国华初级中学旧址　资料来源:笔者摄

图7-47 纺织厂旧址　资料来源:笔者摄

图 7-48　西舍抗日斗争片展示与利用引导图　资料来源：笔者绘

7.3.10 高淳淳溪抗日斗争片

高淳是新四军第一支队东进抗日，进入苏南地域的第一站。1938 年 5 月中旬，为开展敌后游击战争，新四军第一支队在司令员陈毅的率领下，从皖南岩寺地区出发，东进茅山。6 月 1 日，陈毅率领第一支队由狸头桥登船，渡过固城湖，于 4 日凌晨抵达高淳县城，分别驻扎于淳溪镇及其附近村庄，司令部设在当铺巷 78 号吴氏祠堂。

陈毅在高淳期间，积极开展党的统一战线工作，走访县长杨鼎侯和地方士绅，宣传新四军的抗日宗旨和统一战线政策、抗日的有利条件与光明前途，并写下了《东征初抵高淳》的壮丽诗篇。

图 7-49　高淳淳溪抗日斗争片展示与利用引导图　资料来源：笔者绘

1938 年 8 月，为开通茅山抗日根据地和皖南新四军军部的通道，新四军第一支队政治部决定由宣教科长戈白章带领张春生、侯日干、华仁义等同志组成民运工作组，在高淳县城开展地方工作，对外称新四军驻高淳办事处。办事处成立后，在县城小学教员、县初级中学学生、手工业者和商店店员中进行宣传发动工作，先后成立中共淳溪第一支部、中共淳溪第二支部、中共淳溪第三支部（亦称东阳店支部），为高淳地区民众坚持长期抗战打下了基础，也为东进抗日的新四军架起了通往皖南的桥梁。新四军驻高淳办事处旧址、中共淳溪第三支部（东阳店支部）旧址均位于淳溪街道老街附近。

新四军第一支队司令部旧址、新四军驻高淳办事处旧址、中共淳溪第三支部（东阳店支部）旧址，以及中共高淳县地下特别支队遗址为片区重要红色文化资源点，由淳溪老街作为主要路径串联，向外延伸西可达玉泉广场，由襟湖桥过官溪河达对岸聚星阁，东可连春东湖、泮池园等。老街沿线，亦有大量各类历史文化资源和展示场馆可游玩。

淳溪老街的红色文化资源虽然集中,但是淹没在老街如今熙熙攘攘的商业旅游氛围中,并不突出。应加强定期展示宣传,党的重要节日可在老街积极组织活动、扩大影响。借助老街这一窗口,让更多的人熟知、铭记新四军在高淳地区的革命活动事迹。

7.3.11 竹镇——苏皖边区中心抗日斗争片

竹镇是革命老区,曾为苏皖边区的政治、军事、经济、文化中心。1939年8月,新四军第五支队在罗炳辉司令员的率领下挺进竹镇,开辟了以竹镇为中心的抗日根据地,六合地区的抗日烽火在这里燃烧起来。1942年8月,根据革命斗争发展形势的需要,经淮南行署批准,建立中共竹镇市工作委员会(1943年3月改为中共竹镇市委员会),同时成立竹镇市抗日民主政府。竹镇市抗日民主政府建立后,带领根据地军民自力更生,发展经济,节约开支,增加财政收入,粉碎了日伪军的经济封锁。

竹镇是南京历史文化名镇。目前,镇区内保存完好的资源有竹镇市抗日民主政府旧址、邓子恢居住地旧址、新四军第一派出所旧址,竹镇镇域还有竹镇革命烈士陵园等资源。竹镇市抗日民主政府旧址、邓子恢居住地旧址、新四军第一派出所旧址位于竹镇历史文化名镇建设控制地带内,其中邓子恢居住地旧址和新四军第一派出

图7-50 新四军第一支队司令部旧址(吴氏祠堂)
资料来源:笔者摄

图7-51 竹镇市抗日民主政府旧址 资料来源:笔者摄

抗战时期,竹镇是新四军在津浦路东主要根据地之一。1942年8月,经淮南行署批准,建立竹镇市抗日民主政府。办公地点在老式砖木结构四合院内。1946年新四军北撤后,竹镇市抗日民主政府机关原有建筑遭到国民党破坏。1982年,按照修旧如旧的原则,对建筑物进行了全面修缮,并列为南京市重点文物保护单位。2002年,省、市、区政府分别拨专款,全面整修旧址,并在旧址建设了"竹镇市抗日民主政府纪念馆"。

图7-52 竹镇——苏皖边区中心抗日斗争片展示与利用引导图
资料来源：笔者绘

所旧址位于历史文化街区，片区整治提升首先必须符合历史文化保护相关要求。在未来的老镇整治开发中，资源将保留原有建筑风貌并与老镇整体相协调，并将红色文化作为老镇的一个主题，通过游线组织，提升红色文化资源的展示和宣教效果。

重点是将红色文化主题纳入竹镇老街整体保护利用策略中，打造竹镇红色老街。在保护各主要红色文化资源的基础上，街区内部可延伸串联竹镇清真寺，体会竹镇特色民族文化，进一步向南串联火神庙记事碑、竹镇清真女学等文化资源，滨河形成连续绿道。

整体提升市府街—东后街—新竹街环境景观。结合老街与镇区主要出入口公共空间增加雕塑、展示牌等设施，有条件地展现历史场景。在进入竹镇的西部干线沿线布置大型户外展牌及群雕、彩绘。

图7-53 邓子恢旧居　资料来源：笔者摄

该旧居坐北朝南，庭院内前有东西厢房各一间，后有瓦房三间，是邓子恢在抗日战争期间任新四军津浦路东各县联防办事处主任时的办公地点和居住地。1939年，新四军东进淮南以后，津浦路东各县联防办事处主任邓子恢住进前后两进的这座小四合院，联防办副主任方毅和邓子恢同住在小院内。1942年盛夏，罗炳辉来淮南视察，与邓子恢同住在这里。现为市级文物保护单位。

7.3.12 金牛山—桂子山战斗片

该片以桂子山烈士陵园、《茉莉花》采风纪念碑、金牛山战斗纪念碑为主要资源。其中《茉莉花》采风资源和事件有着较高知名度,且均位于南京市六合区美丽乡村示范区内,可在美丽乡村示范区的打造中,嵌入红色路线,打造"纪念—生态—乡村"主题游,提升红色文化的展示和纪念效果。

主要路径联系桂子山烈士陵园、金牛山战斗纪念碑、《茉莉花》采风纪念碑为核心的红色文化空间。主要路径向北延伸,可联系金牛湖野生动物王国、冶山国家矿山公园。片区倚靠金牛湖,风光旖旎,

图 7-54 金牛山—桂子山战斗片展示与利用引导图
资料来源:笔者绘

有金牛湖地铁站便捷联系城区。片区内,还有石柱林风景区、茉莉花园度假村、九九艳阳度假农庄等接待设施。

《茉莉花》采风纪念碑位于金牛湖旅游度假区周边,金牛山战斗纪念碑位于金牛湖旅游度假区内,两处资源可纳入金牛湖度假区的游线,作为红色文化展示点,提升资源的展示和纪念效果。

桂子山烈士陵园目前是南京市爱国主义教育基地,将金牛山战斗纪念碑、《茉莉花》采风纪念碑作为基地的拓展部分,扩展爱国主义教育基地的范围,将桂子山烈士陵园提升为省级甚至国家级烈士纪念设施和爱国主义教育基地。

沿高等级道路两侧可设置大型浮雕,展现相关战斗场景;将红色文化资源点与金牛湖度假区旅游路线结合,开辟红色游线;择机提升金牛山战斗纪念设施规模,可增加纪念场馆、相关史料及物品的展示空间。

图 7-55 桂子山烈士陵园
资料来源：笔者摄

图 7-56 《茉莉花》采风纪念碑
资料来源：笔者摄

7.3.13 六合东部抗日斗争片

该片区汇聚了徐润芝烈士墓、新四军还击大刀会遗址、三区（东沟）抗日民主政府遗址、东沟革命烈士陵园、新四军夜袭小桃园伪军遗址、柴庄联络站遗址等主要资源，集中体现了新四军在六合东部地区的战斗事迹，弘扬了"铁军"精神。周边可联系方山地质公园、梵天寺、白马山森林公园、奶山

图 7-57 东沟革命烈士陵园
资料来源：笔者摄

图 7-58 六合东部抗日斗争片展示与利用引导图
资料来源：笔者绘

小镇等景观和旅游资源。

该片可依托战斗遗址附近建设纪念公园，模拟当年的战斗场景设置人物雕塑，保留或修复战壕等战斗设施，陈列武器仿制品，增加战斗场景表演和体验环节，加强爱国主义教育。附近村庄以战斗事迹为主题进行文化营造，并提供服务配套。

7.4 点状资源的图则化导控

为实现各资源点的有效保护，对于各资源，尤其是尚未纳入保护体系的资源，应逐一制定保护利用图则。图则内应将资源点落放于地形图上，尽可能地划定保护界线，提出保护利用与展示要求，便于保护实施管理。

针对有重大影响的、具有保护利用价值的红色文化资源，落实并划定红色文化资源保护界线，包括本体、保护范围与环境控制区，并以条文形式明确具体保护与控制要求、资源点展示介绍、空间与用地功能建议等内容。

对于已经灭失、无法具体落实位置的资源，在地块内进行滚动控制，在下层次规划设计中，通过指示牌、文化墙、雕塑等多种形式宣传、展示文化内涵。

资源点保护图则应与红色文化资源总体保护要求相结合。在总体保护要求基础上，参考文物两线划定图则，根据资源保护信息、保存状况创新图则分类与表达，根据有无划定文物两线、有无实体、实体位置与范围是否能够明确，来区分保护界限表达，落实展示位置要求，创新形成四类差异化的保护控制内容。

7.4.1 总体保护要求

南京市红色文化资源保护，首先应坚持红色文化资源本体及其历史环境的整体保护，维护历史风貌与环境，资源本体不得随意迁移、拆除。特殊情况下确实无法原址保护，必须迁移、拆除的红色文化资源本体及其历史环境，应由相关部门进行严格的论证和公示，按法定程序报批；迁移、拆除过程应予以详细记录并存档,在原址应设立必要的说明标志。重要事件和重大战斗遗址、遗迹,具有重要影响的烈士事迹发生地等,不得异地迁建。作为历史文化名城(镇、村)、街区和中国传统村落关键节点、地标的红色文化资源不得异地迁建、拆除。

对红色文化资源的保护应加强对其历史环境的研究、识别,重点保护包括能够反映重要历史信息、具有标识性作用的地形地貌、植被、水体、历史建筑、设施、街巷格局及肌理等要素,使之与旧址本体一起完整反映革命事件及历史场景。对于主体不存,但基址或代表性环境尚存,且文物价值较高的红色文化资源,可作为遗址保护,原则上不应重建。特殊情况下用作纪念馆或陈列馆馆舍的旧址建筑原址复原、重建应依法报批,且须有充足的原建筑资料为依据对历史环境作真实的再现。

7.4.2　图则保护线与划定原则

红色文化资源中存在大量文保单位并已划定紫线,已具有较强的保护成效。因此在保护线划定时,原则上可参考文保单位两线划定的原则,及时制定保护利用图则,明确保护要求。

保护线划定原则应遵循整体性原则、差异性原则、合理性原则、可操作性原则及延续性原则。

整体性原则:不仅要保护文物本体,还要保护文物所处的建筑环境和自然环境,维护文物的整体风貌。

差异性原则:根据文物保护单位的等级、类型、特性的不同及其基地条件和环境景观的差异,分别划定保护范围和建设控制地带。

合理性原则:保护和控制范围应科学、恰当,既要有效地保护文物古迹,又要有利于城市建设的发展和居民生活环境的改善。

可操作性原则:划定的保护范围和建设控制地带边界应当清晰,易于实地界定,尽量避免跨越永久性建筑,以利于文物和资源的日常管理和规划控制。

延续性原则:对已获批准的文保单位两线,原则上按批文规定的保护范围和建设控制地带落实具体界线,如果现状环境状况与批文内容有较大差异,则适当调整;延续并完善多年来紫线划定的技术方法和成果形式。

表 7-2　建筑类图则保护范围划定技术要求

资源类型		保护范围	建设控制地带	备注	本次规划实例
建筑类	单体建筑	1. 以建筑本体加院落围墙或建筑周围小路为界（民国建筑）； 2. 独栋建筑时，本体范围外 5—10 米	1. 一般而言，保护范围以外 20—50 米的范围，最小不小于 10 米； 2. 对有观赏价值的建筑其主视线方向应控制在保护范围以外 50—100 米； 3. 特别重要的建筑，应确定视线走廊，通过视线分析，提出控制范围和高度	沿城市干道并与周边环境相协调的近现代建筑，可不设建控地带	颐和路将军馆
	群体建筑	将建筑群外围自然边界连成一个整体，充分考虑建筑的轴线对位关系及相应空间环境			金陵制造局
	桥梁	桥梁本体范围外约 10 米	依据文物所在环境具体确定		九龙桥
	构筑物	1. 点状：本体范围外约 5 米； 2. 条状：本体范围外约 10 米	依据资源所在环境具体确定	无建设压力可不设建设控制地带	各纪念碑

资料范围：笔者绘

表 7-3　陵园墓葬类图则保护范围划定技术要求

资源类型		保护范围	建设控制地带	备注	规划实例
陵园墓葬类	墓葬	1. 小型墓葬：按照墓冢、墓碑及其他附属设施范围外约 5—10 米范围，公墓内的文保单位可保护范围同本体； 2. 中型墓葬（含墓园）：墓园的围墙、墓穴范围界划定为保护范围	1. 小型墓葬：保护范围外 20—50 米； 2. 中型墓葬：保护范围外 30—100 米	1. 依据考古勘察探明其规模和本体范围。 2. 风景区、公园、公墓内的墓葬其划定的保护范围能够满足保护文物安全、环境等要求的可不设定建控地带	邓演达墓
	陵园	陵园范围及所依附的必要自然环境等因素一并划入	依据资源所在环境具体确定		雨花台烈士陵园

资料来源：笔者绘

表 7-4　遗址类图则保护范围划定技术要求

资源类型		保护范围	建设控制地带	备注	规划实例
遗址类	活动区域遗址	1. 有明确边界存留的,宜以遗址为边界确定保护范围,即"保护范围同本体"； 2. 无明显边界可循的,不划定范围	1. 小型遗址以保护范围50米以内划定建设控制地带,最大距离不超过200米； 2. 处于乡野城郊的大型遗址在外部侵扰较少的情况下,建设控制地带同保护范围,也可结合周边环境划定建控地带	1. 依据遗址相关事件和周边环境确定是否划定保护范围。 2. 无建筑实体而仅有所处自然环境的,不设保护范围	战斗遗址
	建筑群遗址	1. 以围墙、界碑、地基为边界划定保护范围； 2. 单体建筑及构筑物遗址,本体边界外 5—10 米			—

资料来源:笔者绘

保护线划定技术标准也可以参考文保单位两线划定技术标准。两线划定时,仍需考虑周边建设情况,如现状及规划道路、相邻建筑、地形地貌(等高线)、环境要素等因素。

此次涉及类型较为集中,主要为建筑类、遗址类、陵园墓葬类及纪念广场等。根据保护信息结合现场探勘及展示利用,可提出不同资源的保护利用图则绘制标准。

7.4.3　已划定保护界线的红色文化资源点图则

该类红色资源为文物保护单位,应落实文物两线与保护控制、环境协调要求,并进一步提出展示利用要求。

基本信息标注:资源点名称、区位、等级、时间年代、资源类型、保存状况、门牌地址、主要历史信息等基本特征状况；

保护控制要求、环境引导要求、展示利用要求:落实文物两线划定及要求,针对各资源提出有针对性的保护与利用要求。

7.4.4　未划定保护界线的红色资源点图则

对于有实体的非文物类红色资源,应划定各保护线,提出相应保护利用要求。

基本信息标注:资源点名称、区位、等级、时间年代、资源类型、保存状况、门牌地址、主要历史信

图7-59 已划定保护界线的红色文化资源点图则示例　资料来源:南京市规划设计研究院有限责任公司《南京市红色文化遗存保护与利用专项规划》项目成果

息等基本特征状况;

保护控制要求、环境引导要求、展示利用要求:明确各范围划定,针对各资源提出有针对性的保护与利用要求。

对于无实体有准确位置类红色资源,仅表达位置,不划定保护线,无保护控制、环境引导要求。

基本信息标注:资源点名称、区位、等级、时间年代、资源类型、保存状况、门牌地址、主要历史信息等基本特征状况;

保护控制要求、环境引导要求、展示利用要求:仅明确展示利用要求。

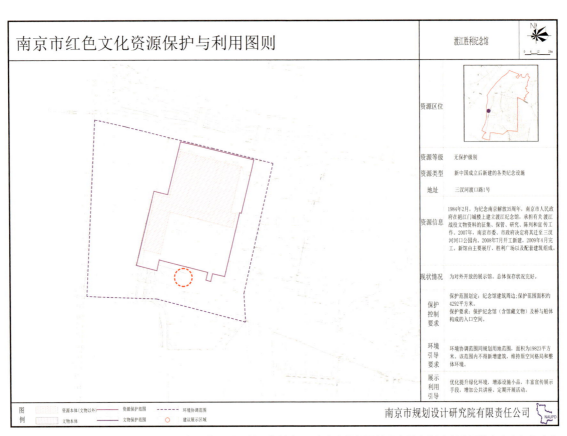

图 7-60 有实体的非文物类红色文化资源点图则示例 资料来源:南京市规划设计研究院有限责任公司《南京市红色文化遗存保护与利用专项规划》项目成果

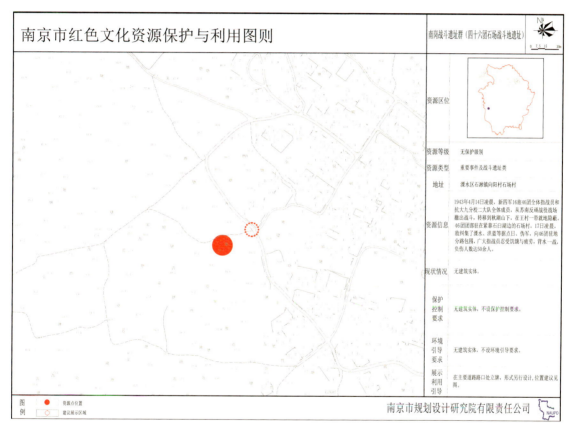

图 7-61 无实体有准确位置的红色文化资源点图则示例　资料来源：南京市规划设计研究院有限责任公司《南京市红色文化遗存保护与利用专项规划》项目成果

对于无实体无准确位置类红色资源，仅表达推测位置，不划定保护线，无保护控制、环境引导要求。

目前，结合具体规划工作已完成已知红色资源点的保护利用图则绘制，对各资源点的准确位置确定、保护区划确立、展示利用位置与方式建议作出详细规定。

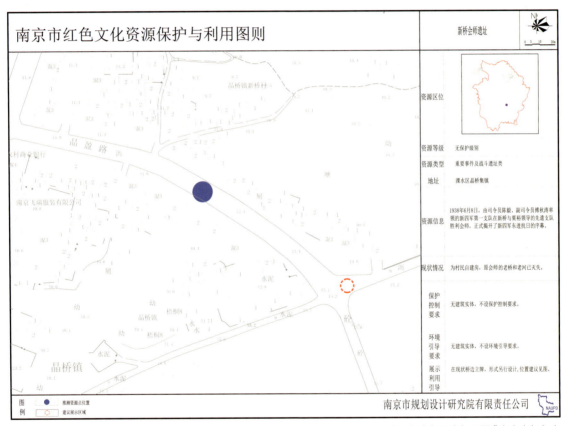

图7-62　无实体无准确位置的红色文化资源点图则示例　资料来源：南京市规划设计研究院有限责任公司《南京市红色文化遗存保护与利用专项规划》项目成果

第八章 "延红色基因"

——南京红色文化资源分系统传承彰显策略

红色基因需要传承,红色文化需要彰显,因此在保护与利用的基础上,还需要开展一系列的工作,将南京红色文化系统性地传承与彰显。本章针对南京红色文化资源的特点和保护需求,从建立全市红色标识系统、建设专题展示教育陈列馆、开展宣传活动几个角度及新技术手段创新运用方面提出初步设想与建议。

8.1 建立红色标识系统

8.1.1 资源点信息标识

在红色文化资源点前、资源点周边入口、重要交通路径或参观路径起始点与其他重要的空间节点前应设置醒目的标识牌与指示牌。受空间局限无法展示详细信息的，可将资源点详细信息通过电子化处理制作成二维码，制作文字或音频、视频，并设计成特定风格的外墙装饰，游客可以通过扫二维码了解资源的详细信息。精心设计、形成具有城市个性特征的红色标识也尤为重要。

图 8-1　红色标识建议　资料来源：笔者绘

图 8-2　各类红色标识标牌示意　资料来源：笔者摄

8.1.2 片区地面指引标识

南京的红色文化资源,尤其在包括老城在内的主城范围内,呈现出较为明显的集聚现象,有条件形成空间范围较小、资源集中的红色"片区"。在片区的合理步行尺度空间内,通过地面指引标识,通过地面铺装的设计将游客指引至邻近的红色资源及展示场所。这一点尤其适用于空间较为局促,周边环境与建筑立面较为杂乱的区域。

图 8-3 地面标识示意　资料来源:笔者摄

8.1.3 外围片区入口主题展示

在外围的交通性干路、高快速路沿线临近红色主题片的入口地区可设置一系列主题性的红色雕塑、彩绘,展示该区域的红色文化。

图 8-4 公路旁大型雕塑与展示标识示意　资料来源:笔者摄

图 8-5 社区开放空间宣传栏　资料来源:笔者摄

8.1.4 社区、学校公共空间宣传展示

开放空间节点及社区室外围墙、公共建筑室内,鼓励通过宣传展示栏介绍红色资源相关信息。与红色资源密切相关的学校内,除相关展示信息牌以外,鼓励将红色文化纳入课程。

8.2 建设专题展示教育陈列馆系列

许多世界著名的历史文化名城都存在着林林总总的博物馆、陈列馆,既有大型的综合性博物馆,也有各具特色的专题类博物馆,甚至还有为数不少的小型民间收藏馆。名闻遐迩的卢浮宫、大英博物馆等,吸引着全世界的人们进入其中,探寻思索,其本身也成为热门旅游景点。历史文化名城巴塞罗那更是因大大小小上百座各色各样的博物馆与艺术中心而著称于世。这些场馆,形成城市文化象征或是文化节点,共同渲染着城市的文化氛围。

红色文化有着丰富多元的内涵,红色文化的展示场所其实也可以多种多样、大小不一,在城市的各个角落,诉说着一段段奋勇抗争、不屈不挠的革命精神与人物事迹。

8.2.1 建设各级党史教育集中展示场馆

党史教育集中展示场馆,是红色文化集中进行

图 8-6 巴塞罗那各色各样的博物馆　资料来源:艺术博物馆:严佳钰. 巴塞罗那 Fundacio Antoni Tapies 艺术博物馆改造 [J]. 建筑技艺,2014(10):88-95.
毕加索博物馆:陈柯. 直面在场的全局 巴塞罗那城市空间营造多维研究 [J]. 新美术,2019,40(8):87-101.

图 8-7 李巷村内溧水区党史教育场所的红色书籍
资料来源:笔者摄

宣传、展示的最重要的空间场所。应结合各红色文化资源点及南京党组织成立以来各时代英勇斗争的历史脉络，集中、具体、清晰地展示南京红色文化。择机建设南京市级中共党史馆及党史主题公园，鼓励各区设立区党史馆。

溧水区在李巷村内开放参观的建筑内设置了党史教育场所兼图书室，并售卖相关红色书籍。红色李巷的游客络绎不绝，溧水的抗战历史与红色文化也随之传播广泛、影响扩大。

8.2.2　重大革命事件专题馆系列

除保留已建雨花台烈士纪念馆、梅园新村纪念馆、渡江胜利纪念馆、八路军驻京办事处纪念馆、颐和路社区将军馆等代表性展示馆、陈列馆、博物馆外，结合南京最有代表性的红色文化资源，规划建设浦口工运、学生运动、情报斗争、策反起义等多个重大事件的系列展示馆、博物馆。

8.2.3　革命英烈与名人馆系列

除张闻天陈列馆、王荷波纪念馆等名人纪念场馆外，结合红色文化其他相关名人及革命英烈的生平和历史事件，建设在南京各时期活动的革命人物相关的名人纪念馆系列。

8.2.4　烈士墓地、陵园等祭奠纪念场所设施系列

市、区两级均设置集中的烈士墓园或陵园作为集中纪念场所。其中，市级在雨花台烈士陵园，各区应设置区级烈士墓园或陵园并纳入区一级民政部门统一管理，应适度整合提升墓园或陵园整体环境，改善交通与相关配套设施，位置偏远、交通不便及保护欠佳的零散烈士墓可择机迁入区级烈士墓园或陵园进行集中保护与管理。

8.3　组织各类宣传体验活动

充分发挥各级宣传部门牵头职能，建立综合性的宣传格局，整合宣传、文旅等各方面的内外宣传资源，并鼓励机关干部、教师、高校学生、基层群众等积极参与艺术创作展演、理论宣讲等活动，有计划地编写《雨花英烈》等校本课程，以多样化的方式进学校、进社区、进家庭、进单位、进部队等。在

全面保护红色文化资源的基础上,加强对其宣传和推广,进一步发挥南京红色文化资源的教育价值,使红色文化资源所蕴含的革命精神被广大民众所认知。

这方面可借鉴上海市的一系列宣传做法,如开发红色资源APP,深化"党的诞生地·一线一站"地铁文化长廊建设,创作京剧《浴火黎明》、纪录片《诞生地》等红色文艺作品,举办"日出东方——上海市纪念中国共产党成立95周年主题展"等重大红色活动。

同时,充分利用最新的网络技术和在线方法,构建线上线下、研究管理、展示推广一体化的南京红色工作平台,建立以雨花台烈士陵园等优质红色文化资源为代表的爱国主义教育基地联盟,让人们更方便地接触南京的红色文化,让南京的红色基因在传承中与时俱进。现在,随着中国南京红色在线网站平台的搭建,广大市民和关心热爱南京的人都有了更便捷的渠道来全面了解南京的红色文化。

图8-8　中国南京红色在线网站2020年9月网站首页　资料来源:https://www.rednanjing.cn/

2018年5月以来,南京市已经组织开展了数十批次的红色文化资源点阅读寻访活动,此活动将一直持续到2021年,引领广大市民"寻访一处资源点、讲述一段历史、阅读一个作品(故事)、传承一种精神"。每一次阅读寻访均精心组织线路参观不同的红色文化资源点,党史工作者带领大家参观讲解,开展读书会、朗诵等各类活动。每批次线路均会提前公布,市民可通过网络在线、电话、微信等方式报名,参与的市民越来越多,取得十分良好的社会反响。

图8-9 南京红色文化阅读寻访活动
资料来源:https://www.rednanjing.cn/article/169/cid/4.html

8.4 新技术支撑与运用

红色文化资源可根据周边区域的功能特点并结合环境条件进行多元利用、多维展示,向社会充分开放。鼓励红色文化资源与文化体验中心、市民活动中心、绿地公园等公共空间结合发展,对于产权私有或暂时无法对外开放的红色文化资源,可在其物质载体周边设置纪念标识或者立牌(碑)说明。

随着科技的发展,越来越多的新技术可以充分运用到红色文化的展示利用方面。汶川特大地震纪念馆就是一座具有体验式科普性的纪念馆;强调展览的科技性与互动性,充分运用了拟真场景、LED视频、互动投影、白膜投影、U型影院和4D动感影院等现代最新科技手段,增强了展览的观赏性、参与性和互动性。

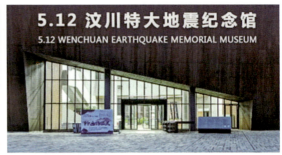

图 8-10　汶川特大地震纪念馆数字化展示　资料来源：http://dzjng.my.gov.cn/xnjq/

图 8-11　汉阳陵遗址博物馆幻影成像全景图
资料来源：程彤. 基于移动设备的增强现实技术在中小型博物馆导览中的应用研究 [D]. 临汾：山西师范大学, 2016.

中国人民抗日战争纪念馆，利用全息影像技术还原地道战。采用巨幅照片、形象图表及现场复原等陈列形式，利用文物及塑型结合的方法组成立体空间，使观众产生强烈印象，如"地雷战景观""地道战景观""水上游击队"等立体模型都取得了良好的效果。半景画的陈列采用声光变景技术，以巨幅油画与实物和模型相结合，通过计算机控制的声、光、电技术，使油画立即变得乌云翻滚，浓烟飘动，战火纷飞，有如身临当年的卢沟桥事变战场。

利用好增强现实（AR）等新兴技术展示红色资源，能进一步提高展示展览的生动性、参与性和体验性。AR 是将计算机生成的虚拟信息有机、实时、动态地叠加在现实世界上，使虚拟与现实成为一个整体，从而增强用户对现实世界的感知和理解。对于文化遗址而言，增强现实技术可以在遗址上叠加虚拟的历史图像、模拟周边的历史环境与人类活动场景，提供了更充分展示遗址文化的途径。

图 8-12　山东博物馆《万世师表》展中的孔子全息影像
资料来源：胡雯彧. 基于 AR 技术的文化遗产数字化展示设计研究 [D]. 济南：山东大学, 2020.

图 8-13　利用 AR 技术参观赫拉神庙遗址　资料来源：孔凯．增强现实技术在陕西历史遗迹虚拟展示中的应用研究 [D]. 西安：西安理工大学,2018.

第九章 "迎建党百年"

——南京红色文化资源保护利用实施思路

红色文化资源保护利用是一项长期、系统而艰巨的事业。围绕2021年建党百年这一重要时间节点,我们建议近期实施应以"先保护、抓重点、多协同、强宣传"为总体思路,力争在短时间内抢救性保护一批红色文化资源,高效推进重点项目展示实施,扩大南京红色文化的影响。

9.1 夯实近期——近期实施总体思路

9.1.1 保护优先,公布保护名录

市、区政府部门与社会各界应充分统一认识,以文化遗产的视角认识红色文化资源的重要性,强调"能保则保、应保尽保,整体保护、积极保护"的保护利用基本原则,将南京市党史部门已经论证并确定的165处红色文化资源全部纳入保护体系,尽快公布《南京红色文化资源保护名录》。在此基础之上,进一步加强红色事迹、故事诗歌、革命文脉等红色精神谱系资源的挖掘整理,丰富南京红色文化内涵,并对红色文化资源点统一设计制作"红色标牌",进行挂牌标识,介绍相关历史信息,提高公众知晓率。鼓励红色文化资源的保护与周边地区联动发展,促进红色文化永续利用。

9.1.2 突出重点,落实近期项目

以具体实施项目为近期建设的重要抓手,确定实施项目的责任主体、具体任务、空间范围。重点对现有价值较高、保存完好、展示条件佳的特色资源和周边环境进行提档升级,以点带面,扩大影响。建议以区(平台)为单元,政府主导,抢救性修缮一批红色建筑,鼓励社会资本参与。严格落实保护图则中明确的保护利用要求,依法保护各类红色文化资源。同时,发挥地名贴近市民、应用经常的特点,挖掘弘扬南京红色地名文化,向社会陆续公布南京红色地名名录,以便更好地传承发展红色地名中蕴藏的革命精神、扩大南京红色文化的感染力和影响力。

9.1.3 部门协同,形成联动机制

针对近期实施的重点项目,需做好顶层设计,强化领导,建立由组织、宣传、文旅、规划、住建、发改、财政、民政、教育、党校、社科、退役军人事务等多部门联动的工作协调机制,并联合各区政府及属地管理机构,共同协商、常态管理,最大力度地快速推进相关项目实施。

9.1.4 加强宣传,扩大南京影响

发挥各级宣传部门牵头职能,建立综合性的大宣传格局,整合宣传、文旅等各方面的内外资源,

鼓励机关干部、教师、高校学生、基层群众等积极参与艺术创作展演、理论宣讲等活动,有计划地编写《雨花英烈》等校本课程,以多样化的方式进学校、进社区、进家庭、进单位、进部队等,进一步将南京红色文化资源的内涵价值内化于心、传播出去。

9.2 分步实施——近期保护利用的重点项目

近期项目是前述"片区"层面文化环境营造的重要组成部分,是片区启动示范项目。通过重点项目"点"的启动,带动整个"片"的环境面貌改变。

9.2.1 高质量建设"两馆一园"工程,突出重点项目示范作用

(1) 王荷波纪念馆

结合推进南京长江经济带传统文化保护工作,抓好江北新区王荷波纪念馆项目建设和两浦铁路工人"二七"大罢工指挥所旧址周边环境整治。目前浦口的王荷波纪念馆在浦口江浦街道行知教育基地内,与王荷波领导工人运动相关事件发生地相距 13 千米;而两浦铁路工人"二七"大罢工指挥所旧址作为南京工运纪念馆占地面积只有 278 平方米,内容主题均不聚焦。

图 9-1 建筑设计单位开展王荷波纪念馆方案设计　资料来源:南京江北新区红色广场方案设计

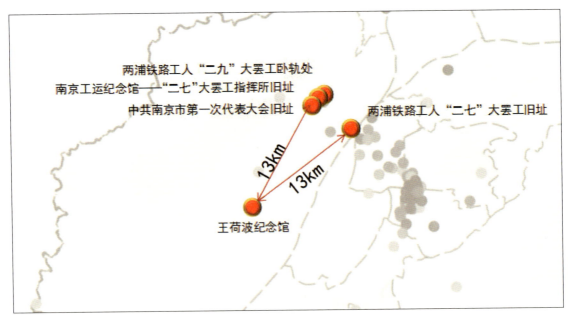

图9-2　现王荷波纪念馆与相关人物活动及事件发生地相距位置关系图　资料来源：笔者绘

建议着眼新形势下对干部群众进行革命传统和廉政教育需要，在江北新区两浦铁路工人"二七"大罢工指挥所旧址、浦镇机厂内工业遗产建筑等地块，高起点筹建中国工运纪念馆和王荷波纪念馆，为南京市红色文化新增一张亮丽名片。目前，王荷波纪念馆已计划按浦镇厂选址进行搬迁，已由建筑设计单位开展方案设计工作。

(2) 市级党史设施建设

填补空白，研究建设"中国共产党南京党史馆"。提出三个选址比选方案，一是在雨花台烈士陵园周边选址，二是在江北新区结合王荷波纪念馆选址，三是在渡江胜利纪念馆周边选址。

目前，已确定选址方案三，党史综合设施已经在渡江胜利纪念馆南侧地块实施。

(3) 党史主题教育公园

点线联动，研究建设"党史主题教育公园"。可利用下关滨江风光带，在下关片区主要路径民国首都电厂遗址公园附近，利用现有配套设施，增加党史主题教育功能，扩充红色文化内涵，形成党史主题教育公园。

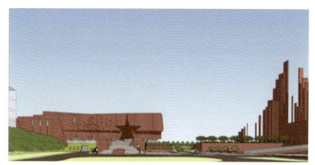

图 9-3　新建市党史设施项目方案(批前公示)　资料来源:市规划局网站

党史综合设施与党史主题教育公园建设,将成为下关片整体红色文化营造的先驱动力,进一步带动该片整体文化品位提升。

9.2.2　高水平整合"二片一线"空间环境,营造红色文化氛围

(1) 雨花英烈主题片提升

突出雨花英烈精神,对雨花台主题片进行系统整合,并加快推进雨花台烈士陵园"碑林""献花台"等纪念设施建设,优化完善设计方案。结合雨花台纪念中轴环境风貌提升工程,择机向北延伸,串联中华门外各类历史文化资源,形成内涵丰富的"名城中轴线",带动片区整体提升。建议以雨花台烈士陵园管理局为主体负责管辖范围内设施环境提升,相关区政府负责周边设施环境的提升。

(2) 长江路迎接解放主题片提升

彰显胜利标志、传承梅园精神,对长江路迎接解放胜利片核心的总统府—梅园新村片区进行空间

图 9-4 雨花剧场改造项目(雨花西路 9 号)方案示意图
资料来源:雨花剧场改造项目方案文本

为迎接 2021 年建党 100 周年及落实习主席"把红色资源利用好"的指示,经南京市领导决议,拟在 2021 年 6 月底之前,将原雨花剧场提升改造为话剧《雨花台》的主演场馆。

整合,提升周边整体环境。建议结合总统府大门前照壁恢复工程,优化调整长江路线型,形成南京解放纪念广场,向南沟通大行宫广场和中央饭店(钱壮飞冒死救党故事发生地),向东串联梅园新村纪念馆,接入梅园新村国家级历史文化街区,联动钟岚里、梅园、雍园等民国建筑院落,与今后梅园新村纪念馆发展和片区文化休闲服务配套。相关区政府已有计划,将开展梅园新村周边环境整治提升工作。

(3) 下关滨江—两浦红色文化体验线路

弘扬"渡江精神"、展示"工运事迹",借鉴波士顿"自由之路"经验对下关、浦口两岸滨江资源进行串联整合,融入红色文化。可模拟当年的小火轮运送渡江先头部队的场景,增加仿京电号渡船摆渡体验,渲染当年解放军渡江的气势,形成南北呼应的红色文化体验线路。

9.2.3 高标准推进外围"一街、一山、三村"品质提升工程

(1) 六合竹镇"红色老街"

推进六合竹镇"红色老街"的环境综合整治。重点通过新竹街—东后街—市府街沿线的环境综合整治,突出竹镇市抗日民主政府、邓子恢居住地旧址、新四军第一派出所旧址等重要抗战文化资源在竹镇历史文化名镇中的地位。

(2) 横山红色文化环线

串联整合横山周边红色资源,形成抗战文化主题环线。依托江宁—溧水横山自然山水环境,通过乡村绿道建设,串联横山县抗日民主政府旧址、新四军先遣支队抗战指挥部遗址、横山烈士纪念碑、新四军第一支队指挥部旧址、横山事变遗址、横山人民抗日斗争纪念馆等抗战文化资源,形成独具自然特色的红色旅游环路。

(3) 红色村庄

结合美丽乡村建设,加快溧水李巷、高淳西舍和江宁呈村的环境品质提升工程。溧水李巷、高淳西舍和江宁呈村应结合各自现有红色文化资源,高标准完成村容村貌的品质提升,提档升级公共服务设施和旅游配套设施,积极扩大苏南抗日根据地领导中心纪念地影响力,进一步突出新四军抗战文化的保护与传承。

目前,这3处村庄均列入传统村落,已编制相关规划中,充分凸显了红色文化历史价值特色。李巷村在不断实施分期修缮改造工程,在村庄周边利用存量用地新建接待设施;西舍也实施了建筑修缮,恢复了部分历史时期重要建筑。3个村庄正按照规划,逐步推进实施改善,红色历史正不断发扬光大。

9.3 实施保障——实施机制与保障措施

9.3.1 相关城市的经验借鉴

(1) 烟台市"政府主导+市场导向+多方参与"

烟台市作为胶东革命的发源地,红色文化资源是胶东片区最为丰富的城市。烟台市政府提出了"政府主导+市场导向+多方参与"的红色文化建设新模式,推动了"形成四个一批、打造三个亮点"系统工程的发展,传承了胶东革命红色基因。

在实施机制方面,首先政府成立"胶东红色文化"建设工作领导小组指导红色文化发展建设工作,先后出台了《烟台红色旅游发展纲要》和《红色文化发展规划》,制定了《胶东红色文化建设工作推进计划》;其次优化了投资、融资体制,使红色文化市场环境呈现出有序开发、合作共赢的局面。与此同时,政府统筹社会各界的能力,利用市场作用进行红色旅游的投资、开发,优化市场价格,提升服务质量。三是在政府核心班子的指导下,加强了宣传、财政、国土、规划以及旅游等部门间的协同合作,明确了各部门的职责,提升了胶东红色文化建设的效率和秩序性。

(2) 广州市"预保护补偿+联合管理+公众参与"

为优化解决文化遗产保护与城市化快速建设的矛盾,广州政府先后出台了"预先保护、经济补偿、联合管理、公众参与"等相关制度。

预保护制度,是给具有较高历史文化价值但暂未完成资源认定过程、尚未纳入保护名录之列的文化资源一个保护期,防止该类资源在认定期间遭受毁坏,政府会补偿在保护期间由于该类资源的相关保护认定工作而受到经济损失的集体或个人。预保护机制保护了文化遗产,也维护了集体和个人的利益,为历史文化遗产保护铺平了道路。

联合管理,是指政府在文化资源保护工作中各部门横向的联合与上下级政府纵向的联动。政府规划明确了各部门间在文化遗存认定及后续的保护利用各个流程间的职能分布和工作程序。如名城委员会、规划部门和文物部门负责文化遗产普查认定、登记入册;规划、文物部门负责文化遗产保护规划。同时,市、区、镇(街)等各级政府加强配合,在纵向形成文化资源保护的联动。

公众参与,是指政府与公众相协调的参与机制。在文化遗产的认定、保护及展示传播等方面,发动民间团体、学者及学术机构、新兴媒体平台等力量。尤其是新兴媒体平台的发展增加了市民接触文化遗产保护的信息渠道,提高了市民对文化遗产的热情与参与度。在广州第一批、第二批共478处历史建筑名单中,政府部门推荐了66.3%,学者、研究机构推荐了58.8%,媒体渠道推荐了28.0%,个人或民间团体组织推荐2.3%,在公众参与机制的引导下,政府部门、市民公众上下形成了良性的传达机制。

(3) 上海市"联合管理+协同发展+体系构建"

1921年中国共产党成立于上海,因此上海可称为革命的红色摇篮。上海在红色文化资源实施机制方面也有独到之处。

一是市政府组织协调各部门横向合作，宣传部、文广局、旅游局、教科文卫体委等部门成立"中国共产党诞生地"宣传工作推进组。二是组织市内革命纪念场馆及协会共同建立了上海红色文化宣传教育联盟，联盟制有利于共享各场馆间的资源，形成优势互补。三是通过科学调研合理规划，出台了《上海市革命遗址保护开发利用条例》，建立上海红色文化资源名录和数据库。四是加强红色文化资源宣传，在地铁的地下公共空间投放"党的诞生地·一线一站"系列宣传材料，出版了一系列以红色为主题的文艺创作作品，同时成功举办了"上海市纪念中国共产党成立95周年主题展"等重大红色活动。

(4) 实施机制借鉴

在红色文化保护利用的实施机制方面，强调了管理体制和资金保障制度的构建。如烟台市、广州市、上海市都成立了联合管理机制，提倡规划、文物、旅游、宣传等多部门横向合作，红色文化资源的认定、保护、展示的各阶段都落实具体职责到具体部门。同时，还有部分城市考虑了公众参与的监督机制，如广州市在资源认定时吸纳了学术研究团队、媒体挖掘报道和个人自主推荐的资源，形成了政府部门与市民公众间的良好传达机制。在资金保障机制方面，部分城市考虑了多元投融资体制和预保护补偿机制的建立，如烟台市在红色文化资源的投资和市场开发上充分利用了社会各界力量，而广州市在资源认定时考虑了预保护机制，对预保护阶段造成的产权所有者损失进行补偿。这些体制机制的建立和完善，为红色文化资源的保护提供了制度上的保障，促进了保护工作的可操作性和可持续性。

9.3.2 红色文化资源保护利用实施模式建议

根据南京红色文化"点状、线形、片区"并存的资源特点，本书结合南京既有的工作经验和其他城市的成熟做法，建议采用多元化的实施模式，即根据红色文化资源的特征和价值，综合采用"政府主导、企业运营、多元参与"等方式相互配合的实施模式。

(1) 政府主导

由政府主导对红色文化遗产的保护工作实施运作，这类模式的对象主要是一些具有重大价值的点状红色文化遗产，包括红色文化名城、红色文化遗址及重要文物保护单位。如南京梅园新村地区的整体保护、环境整治及周恩来纪念馆的实施项目。这类模式往往能够对红色文化遗产进行全面完整的保护，实现保护对象与周边历史环境的整体协调。

(2) 政府主导 + 企业运营

由政府主导,决定保护利用的政策措施、投资导向和统筹协调,并且遵循市场规律,采用市场运作的手段,打造适合当地红色文化的产业项目,从而获得经济效益,并给红色文化遗产带来人气和活力。如枣庄市铁道游击队纪念园的保护与利用,在薛城区人民政府的主导下,运用市场运作的手段在保护铁道游击队遗址的同时,在其周边建造大型革命主题影视城,从而带动了当地的经济发展,也实现了该片区功能与产业的转型。

(3) 相对独立的企业运营

对于规模和前期投入较大的红色文化片区,可以适当引入社会资本,将土地整体出让或租赁给开发企业,由开发商挖掘该地段的红色文化内涵,并通过商业项目开发带动红色资源的保护利用,实现社会效益、经济效益和环境效益共赢的目标。如中共一大会址的保护和新天地商业项目的整体实施,实现了商业盈利并带动了整个太平桥地区的整体提升。

(4) 政府主导 + 多元参与

由政府主导,对拥有丰富红色资源的片区深入研究,挖掘红色文化资源并进行保护修缮工作,组织居民进行技能培训,将其转变为导游或服务人员,特色纪念品商店、饭店、民宿的经营者,从而实现片区红色文化遗产的可持续性保护利用。如南京白马镇李巷村,通过村民的积极参与,实现了红色文化资源的多元化利用。

图 9-5　南京市溧水区白马镇李巷村现状图　资料来源:笔者摄

9.3.3 红色文化资源保护利用实施机制与保障措施

(1) 突破部门行政界线,创新管理体制

为加强红色文化资源的日常管理,可以建立红色文化资源联合管理委员会,促使不同管理部门都投入到红色文化资源的保护利用中来,突破部门间的行政管理界线,促进资源保护利用工作的协调管理。如湖北省黄冈市成立了红色文化资源保护利用工作领导小组,提出了红色文化资源保护与大别山革命老区振兴相融合,实现了当地的区域协调联动机制,为红色文化资源的管理、保护、利用提供体制支持。

建立部门联合管理机制,使红色资源点得到统一管理,加强遗产监测预警管理,统一资料管理、监测管理、预警处置、评估决策、公众参与、系统管理等,为红色文化资源的管理、保护、利用提供基本数据资料和体制支持。

(2) 推进相关法制建设,确保有法可依

制定红色文化资源保护利用的专项法律或管理办法,加强法律强制保护,明确责任主体,保证红色文化资源有法可依。部分城市已经制定了相关条例和方法,如福建省龙岩市制定了《龙岩市红色文化遗存保护条例》、贵州省贵阳市制定了《贵阳市红色文化遗址保护管理办法》、宁夏吴忠市制定了《吴忠市红色文化遗址保护条例》等。同时,针对未被认定为不可移动文物或历史建筑的红色物质文化资源,可借鉴上文中提到的广州市的文化遗产预保护机制,给予红色文化资源保护一定的缓冲期,避免其在保护前遭到破坏。

(3) 利用市场机制,拓宽融资方式

构建合理完善的资金营运体系,完善市场机制,拓宽融资方式,有利于保护资金落实和资源保护的实施。针对红色文化资源中的文物保护单位,《文物保护法》第十条规定了其保护经费来源主要是国家用于文物保护的财政拨款;国有博物馆、纪念馆、文物保护单位等的事业性收入和通过捐赠等方式设立的文物保护社会基金,因而,对其不宜实施营利性的经营制度。

针对红色文化资源中尚未纳入文物保护单位的,可在一定程度上借助市场经济运行规则开展经营,形成政府投资与市场融资齐头并进的机制。如通过一些优惠政策或适当的财政补贴、贷款贴息等方式来鼓励开发商或私人机构对红色文化资源保护的投资和参与;或将红色文化资源的保护和改造利用作为地区规划发展的一个组成部分,通过适当提高周边土地价值或要求开发商承担部分保护建设的费用,以此来解决红色文化资源保护利用中的部分资金问题。

(5) 重视相关民间组织,鼓励公众参与

为社会民间组织建立红色文化研究的管理协作机制和合作平台,创新非政府组织登记制度,为社会民间组织提供良好的政策保障、制度保障和税收保障。如定州市成立的红色文化艺术研究会、上海市虹口区成立的红色文化建设专家委员会,都承担了政府和市场、政府和社会、政府和企业之间的协调作用。

同时,积极构建鼓励公众参与的机制。公众参与是支撑红色文化资源保护传承的持久而重要的力量,要健全保护利用的社会投入体系。如面向社会试点开展"认护革命文物"活动,吸纳社会资金投入文物保护。招募红色旅游志愿者,招募大学生进行口述史的采集和整理工作,鼓励公众参与讲述红色故事等等,从而形成全社会关心、爱护并参与红色文化资源保护的氛围,把红色文化资源保护工作置于全社会的关注和监督之下。

附 录

附表 1　南京红色文化资源形成与演进汇总表

阶段划分	时间划分	全国革命重要标志与事件	南京革命活动特征	南京重要革命事迹	空间分布	重要红色文化资源	代表性人物
中国共产党创立时期	1921.7—1923.6（含1921年以前早期工人、学生运动）	1921.7.23 中国共产党第一次全国代表大会在上海开幕	南京党小组成立并组织领导工人运动	1919年夏季反帝爱国运动：五九国耻纪念大会、抵制日货行动，6月2日爱国宣誓典礼，南京工人"三罢"斗争（王荷波带领浦镇机厂工人）、六七惨案；马克思主义传播：南京学生联合会、张闻天等；1922年秋在浦镇成立南京地区第一个党小组，王荷波为组长；1923年2月8—9日，浦口党小组领导两浦铁路及港务工人大罢工；南京党组织成立，领导两浦铁路工人大罢工	工人运动以两浦、下关和城南为中心，学生运动以城区各高校为中心	浦镇机厂；王荷波纪念馆；南京工运纪念馆——两浦铁路工人"二七"大罢工指挥所旧址；两浦铁路工人"二九"大罢工卧轨处旧址；南京高师、金陵大学（革命烈士纪念碑）；河海工程学校（张闻天陈列馆）、中央大学（梅庵）	王荷波、张闻天、沈泽民等
大革命时期	1923.6—1927.7	1926年，国共合作北伐，推翻北洋政府；1927年，"四一二"反革命政变，国共合作失败，开启十年对峙	南京党组织在白色恐怖下顽强建立各区分部	1923年11月8日，中共上海地方兼区执行委员会批准建立中共南京地方执行委员会，同年12月中共南京地委正式成立；1924年初开始建立各区分部，为各区党部的建立奠定组织基础；1925年上海五卅惨案后中共领导南京声援活动：6月1日东南大学罢课，6月5日，和记洋行全体工人罢工，7月31日发生"七三一"惨案；1926年8月，成立南京工人代表大会；1927年南京"四一〇"惨案，共产党员与国民党进行艰苦的抗争		雨花台烈士陵园；江南贡院明远楼——南京第一个总工会成立地；九龙桥——南京"四一〇"烈士牺牲地；公共体育场旧址——中共南京地方组织领导开展革命活动地；大纱帽巷10号——中共南京地方执行委员会联络点遗址；和记洋行旧址——中共领导下的工人斗争地；金陵兵工厂旧址——中共南京地方组织革命斗争地；金陵大学旧址——爱国进步学生活动地	宛希俨、曹壮父、谢文锦等

续表

阶段划分	时间划分	全国革命重要标志与事件	南京革命活动特征	南京重要革命事迹	空间分布	重要红色文化资源	代表性人物
土地革命战争时期	1927.8—1937.7	1927年，南昌起义打响武装反抗第一枪；1928年，井冈山会师；1934年，中央红军开始长征，南方坚持游击队斗争；1936年，长征胜利	革命低潮下南京地区的顽强抗争	1927年12月4日在浦镇旁边的山上召开中共南京市第一次代表大会；1928年5月在浦口江边芦苇荡召开第二次党代会；1927年成立九袱洲党支部；雨花英烈：仅1928年9、10月间37名中共党员干部在雨花台就义，其中7位为市委委员；党组织被严重破坏；1929—1930年和记洋行第二次罢工；1930年和记工厂"四三惨案"；南京暴动失败，读书会；地下活动及狱中斗争：南京党组织被破坏、党组织活动转入地下，钱壮飞冒死救党组织等；中央军人监狱、江苏第一监狱：共产党员在监狱与国民党反对派进行了坚强抗争；在六合、高淳建立了党支部	老城内以地下革命活动为主，狱中斗争，雨花台集中牺牲地，外围以农村建立党支部	雨花台烈士陵园；正元实业社遗址——钱壮飞革命斗争地；南京地区第一个农村党支部——中共九袱洲支部遗址；中共南京市第一次代表大会遗址；孙津川居住地遗址；晓庄革命烈士纪念碑；民国南京第一贫儿教养院旧址——李耘生烈士革命活动地；中央军人监狱旧址——恽代英烈士殉难处；江苏第一监狱遗址——被捕的中共党员斗争地；游子山烈士陵园	孙津川、贺瑞麟等
全民族抗日战争时期	1937.7—1945.8	1937年，卢沟桥事变，建立统一战线，国共二次合作	艰苦的隐蔽战线与地下斗争	外围：新四军在南京南、北分片英勇斗争，抗日政府与机构建立；新四军成立后，粟裕带领先遣支队进驻南京江宁、溧水等地，并在溧水新桥会师。随后第一支队、第二支队在江宁、溧水、高淳进行了大量斗争；1939年后，罗炳辉带领新四军第五支队进入六合区境内斗争	外围：新四军在南京南、北分片英勇斗争，抗日	浦镇机厂；同心会下关分会；"八办"审查和转送释放政治犯、中央大学学生互助会、千字运动实践会等组织	粟裕、陈毅、罗炳辉

续表

阶段划分	时间划分	全国革命重要标志与事件	南京革命活动特征	南京重要革命事迹	空间分布	重要红色文化资源	代表性人物
全民族抗日战争时期	1937.7—1945.8	八路军、新四军长期抗日斗争；1945年，抗日战争胜利	新四军英勇抗日	新四军与当地军民建立多个抗日政府，如六合县抗日民主政府、竹镇市抗日民主政府、横山县抗日民主政府、溧高县抗日民主政府等；城内："八办"、地下活动与隐蔽战线 八路军驻京办事处审查和转送释放政治犯；中央大学学生党组织活动、中央商场读书会、下关及浦镇工人党组织恢复和发展；隐蔽战线：小火瓦巷 中共中央社会部上海情报站南京情报组、徐楚光事迹	政府与机构建立；城内："八办"、地下活动与隐蔽战线	新四军第三工作委员会联络点中央商场读书会；小火瓦巷——中共中央社会部上海情报站南京情报组	粟裕、陈毅、罗炳辉
全国解放战争时期	1945.8—1949.10	1948年，三大战役开始；1949年4月，南京解放；1949年10月，新中国成立	和平民主奋斗；在梅园，里应外合解放南京	1945年，中国共产党代表团在梅园新村与国民党政府进行了长达10个月零4天的谈判，在这里与民主人士建立了深厚的友谊；解放前夕，中共地下党为解放南京作出了大量贡献，策划了国民党的起义，保住了大量的民生设施；1949年4月20日，解放军按照《向全国进军的命令》强渡长江；4月23日晚，第三野战军占领南京，宣告蒋家王朝的败亡，南京拉开了中国近代史上最重要的转折大幕，预告了新中国的诞生	各行各业罢工罢课、护厂护校护店	磨盘街42号解放战争时期中共南京市委再建第一次会议；复成新村10号——解放战争时期中共南京市委秘密开会处；梅园新村中共代表团办事处旧址；新生小学；首都电厂；火瓦巷小学；天竺路2号小教系统党组织活动地点；南京市第二中学——解放战争时期中共二中地下支部；中央大学二部——解放战争时期中共地下支部；回龙桥小学——中共南京地下组织联络点；永安商场互励会；六零兵工厂旧址	周恩来为首的中共代表团

附表 2　南京红色文化资源一览表

序号	区属	名称	类型	地址	主管部门	文物保护级别	烈士纪念设施级别	保存状况	开放利用情况
1	玄武区	国立中央大学（国立东南大学）旧址	党在南京建立的重要机构、召开重要会议旧址	玄武区四牌楼2号	东南大学	全国重点文保单位		完好	免费开放
2	玄武区	中共南京地方执行委员会机关驻地遗址	党在南京建立的重要机构、召开重要会议旧址	玄武区居安里20号				灭失	
3	玄武区	大纱帽巷10号——中共南京地方执行委员会联络点遗址	党在南京建立的重要机构、召开重要会议旧址	玄武区成贤街成贤公寓南面				灭失	
4	玄武区	正元实业社遗址——钱壮飞革命斗争地	重要事件、重大战斗遗址	玄武区中山东路237号东侧				灭失	
5	玄武区	全国学生抗日爱国运动珍珠桥惨案旧址	重要事件、重大战斗遗址	玄武区珠江路与太平北路交叉口西侧	玄武区政府			完好	免费开放
6	玄武区	江苏第一监狱遗址——被捕的中共党员斗争地	具有重要影响的烈士事迹发生地或墓地	玄武区老虎桥45号				灭失	
7	玄武区	梅园新村纪念馆——中共代表团办事处旧址	新中国成立后兴建的反映中国共产党领导新民主主义革命的各类纪念馆、展览馆等纪念设施	玄武区梅园新村17、30、35号	南京市博物总馆	全国重点文保单位		完好	免费开放
8	玄武区	吉兆营——中共南京地下市委情报系统联络站遗址	党在南京建立的重要机构、召开重要会议旧址	玄武区吉兆营				灭失	

续表

序号	区属	名称	类型	地址	主管部门	文物保护级别	烈士纪念设施级别	保存状况	开放利用情况
9	玄武区	纪念"五二〇"学生运动广场	新中国成立后兴建的反映中国共产党领导新民主主义革命的各类纪念馆、展览馆等纪念设施	玄武区长江路与洪武路交会处的东南角	玄武区政府			完好	免费开放
10	玄武区	新生小学抗暴斗争遗址	重要事件、重大战斗遗址	玄武区长江路260号长江路小学内	长江路小学			灭失	
11	玄武区	总统府——人民解放军占领南京标志地	重要事件、重大战斗遗址	玄武区长江路292号		全国重点文保单位		完好	收费开放
12	玄武区	国民大会堂旧址——人民解放军与南京地下党会师大会地	重要事件、重大战斗遗址	玄武区长江路264号		全国重点文保单位		完好	免费开放
13	玄武区	人民解放军第二野战军军事政治大学旧址	党在南京建立的重要机构、召开重要会议旧址	玄武区孝陵卫200号	南京理工大学			完好	免费开放
14	秦淮区	公共体育场旧址——中共南京地方组织领导开展革命活动地	重要事件、重大战斗遗址	秦淮区大光路街道尚书巷社区公园路42号	南京市体育运动学校	区级文保单位		完好	免费开放
15	秦淮区	南京安徽公学旧址——第一次国共合作省市党部所在地	党在南京建立的重要机构、召开重要会议旧址	秦淮区白下路193号	秦淮区教育局	市级文保单位		一般	不开放
16	秦淮区	金陵兵工厂旧址——中共南京地方组织革命斗争地	重要事件、重大战斗遗址	秦淮区中华门街道正学路1号	晨光1865创意产业园	全国重点文保单位		完好	免费开放

续表

序号	区属	名称	类型	地址	主管部门	文物保护级别	烈士纪念设施级别	保存状况	开放利用情况
17	秦淮区	江南贡院明远楼——南京第一个总工会成立地	重要事件、重大战斗遗址	秦淮区夫子庙街道金陵路1号	夫子庙文化旅游集团有限公司	省级文保单位		完好	收费开放
18	秦淮区	九龙桥——南京"四一〇"烈士牺牲地	具有重要影响的烈士事迹发生地或墓地	秦淮区大光路街道东水关公园内	秦淮区市政	市级文保单位		完好	免费开放
19	秦淮区	南京电信局旧址——中共地下组织革命斗争地	党在南京建立的重要机构、召开重要会议旧址	秦淮区五老村街道游府西街8号	南京市电信局	区级文保单位		完好	不开放
20	秦淮区	民国南京第一贫儿教养院旧址——李耘生烈士革命活动地	具有重要影响的烈士事迹发生地或墓地	秦淮区白下路101号		市级文保单位		完好	不开放
21	秦淮区	江苏省立南京中学第一院遗址——中共南京地下党活动地	党在南京建立的重要机构、召开重要会议旧址	秦淮区太平南路354号				灭失	
22	秦淮区	中共中央社会部上海情报站南京情报组遗址	党在南京建立的重要机构、召开重要会议旧址	秦淮区太平南路小火瓦巷79号				灭失	
23	秦淮区	陈家牌坊12号——中共南京地下党联络点遗址	党在南京建立的重要机构、召开重要会议旧址	秦淮区双塘街道花露岗社区				灭失	
24	秦淮区	中华路574号——中共南京地下党联络点遗址	党在南京建立的重要机构、召开重要会议旧址	秦淮区双塘街道实辉巷社区中华路538号				灭失	

续表

序号	区属	名称	类型	地址	主管部门	文物保护级别	烈士纪念设施级别	保存状况	开放利用情况
25	秦淮区	新四军第三工作委员会联络点遗址	党在南京建立的重要机构、召开重要会议旧址	秦淮区五老村街道二条巷41号附近，南京友谊灯具厂对面				灭失	
26	秦淮区	火瓦巷小学——中共白下小教支部成立地遗址	重要事件、重大战斗遗址	秦淮区洪武路街道火瓦巷32号	秦淮区教育局			灭失	
27	秦淮区	钟英中学旧址——抗战胜利后南京首个中学党支部成立地	重要事件、重大战斗遗址	秦淮区洪武路街道武学园社区九条巷8号曾公祠内	秦淮区教育局	市级文保单位		完好	不开放
28	秦淮区	解放战争时期中共南京市委第一次会议遗址	党在南京建立的重要机构、召开重要会议旧址	秦淮区双塘街道磨盘街社区磨盘街42号				灭失	
29	秦淮区	中央商场——中共地下党开展革命活动及同人自励会成立地	重要事件、重大战斗遗址	秦淮区五老村街道淮海路社区中山南路79号	雨润控股集团			灭失	
30	秦淮区	永安商场——中共地下党开展革命活动及永安互励会成立地	重要事件、重大战斗遗址	秦淮区夫子庙街道贡院街61号	秦淮区国资委			灭失	
31	秦淮区	中共策划南京大校场起义旧址	重要事件、重大战斗遗址	秦淮区大校场机场				一般	不开放
32	秦淮区	复成新村10号——解放战争时期中共南京市委秘密开会处旧址	党在南京建立的重要机构、召开重要会议旧址	秦淮区申家巷社区马路街西侧	白下房产经营公司代管	尚未核定公布为文保单位的一般不可移动文物		完好	不开放

续表

序号	区属	名称	类型	地址	主管部门	文物保护级别	烈士纪念设施级别	保存状况	开放利用情况
33	鼓楼区	张闻天陈列馆	新中国成立后兴建的反映中国共产党领导新民主主义革命的各类纪念馆、展览馆等纪念设施	鼓楼区西康路1号（河海大学档案馆内）	河海大学	其他		完好	免费开放
34	鼓楼区	南京大学革命烈士纪念碑	新中国成立后兴建的反映中国共产党领导新民主主义革命的各类纪念馆、展览馆等纪念设施	汉口路22号	南京大学	其他		完好	开放
35	鼓楼区	和记洋行旧址——中共领导下的工人斗争地	重要事件、重大战斗遗址	宝塔桥西街168号	下关滨江商务区管委会	省级文保单位		一般	不开放
36	鼓楼区	金陵大学旧址——爱国进步学生活动地	重要事件、重大战斗遗址	鼓楼区汉口路22号	南京大学	全国重点文保单位		完好	免费开放
37	鼓楼区	孙津川居住地遗址	在南京进行过革命斗争的重要领导人物故居、旧居、活动地	鼓楼区原北祖师庵49号	现为居民小区	其他		灭失	
38	鼓楼区	八路军驻京办事处纪念馆——八路军驻京办事处旧址	党在南京建立的重要机构、召开重要会议旧址	青云巷41号、高云岭29号	南京市博物总馆	省级文保单位		完好	免费开放
39	鼓楼区	中共南京铁路下关车站支部旧址	党在南京建立的重要机构、召开重要会议旧址	煤炭港22号	下关滨江商务区管委会	尚未核定公布为文保单位的一般不可移动文物		完好	不开放

续表

序号	区属	名称	类型	地址	主管部门	文物保护级别	烈士纪念设施级别	保存状况	开放利用情况
40	鼓楼区	南京市立第二中学旧址——解放战争时期中共二中地下支部成立地	党在南京建立的重要机构、召开重要会议旧址	长江新村8号	田家炳中学	尚未核定公布为文保单位的一般不可移动文物		完好	不开放
41	鼓楼区	回龙桥小学——中共南京地下组织联络点遗址	党在南京建立的重要机构、召开重要会议旧址	鼓楼区回龙桥11号	鼓楼区教育局	其他		灭失	
42	鼓楼区	中央大学二部旧址——解放战争时期中共地下支部活动地	党在南京建立的重要机构、召开重要会议旧址	丁家桥87号	东南大学	尚未核定公布为文保单位的一般不可移动文物		完好	不开放
43	鼓楼区	中共南京小教系统地下组织活动据点之一旧址	党在南京建立的重要机构、召开重要会议旧址	天竺路2号	南京师范大学	尚未核定公布为文保单位的一般不可移动文物		完好	不开放
44	鼓楼区	首都电厂下关发电所——中共地下组织护厂斗争地	重要事件、重大战斗遗址	鼓楼区中山北路576号	下关滨江商务区管委会	其他		完好	不开放
45	鼓楼区	渡江胜利纪念碑	新中国成立后兴建的反映中国共产党领导新民主主义革命的各类纪念馆、展览馆等纪念设施	热河路广场	渡江胜利纪念馆	省级文保单位		完好	免费开放
46	鼓楼区	渡江胜利纪念馆	新中国成立后兴建的反映中国共产党领导新民主主义革命的各类纪念馆、展览馆等纪念设施	三汊河渡江路1号	南京市博物总馆	其他		完好	免费开放

续表

序号	区属	名称	类型	地址	主管部门	文物保护级别	烈士纪念设施级别	保存状况	开放利用情况
47	鼓楼区	颐和路社区将军馆	新中国成立后兴建的反映中国共产党领导新民主主义革命的各类纪念馆、展览馆等纪念设施	宁海路54号	宁海路街道	尚未核定公布为文保单位的一般不可移动文物		完好	免费开放
48	建邺区	中央军人监狱旧址——恽代英烈士殉难处	具有重要影响的烈士事迹发生地或墓地	建邺区茶亭东街242号	东部战区	市级文保单位		一般	不开放
49	雨花台区	雨花台烈士陵园	新中国成立后兴建的反映中国共产党领导新民主主义革命的各类纪念馆、展览馆等纪念设施	雨花台区雨花路215号	南京市雨花台烈士陵园管理局	全国重点文保单位		完好	免费开放
50	雨花台区	皖南事变三烈士墓	具有重要影响的烈士事迹发生地或墓地	雨花台区花神大道功德园内	雨花街道	省级文保单位		完好	免费开放
51	雨花台区	西天寺公墓烈士墓区	具有重要影响的烈士事迹发生地或墓地	雨花台区铁心桥街道马家店社区西天寺陵园中	铁心桥街道		新建设施	完好	免费开放
52	栖霞区	晓庄革命烈士纪念碑	新中国成立后兴建的反映中国共产党领导新民主主义革命的各类纪念馆、展览馆等纪念设施	栖霞区和燕路晓庄行知路1号行知园内	栖霞区文化旅游局			完好	免费开放
53	栖霞区	中共策划国民党海军第二舰队起义地	重要事件、重大战斗遗址	栖霞区燕子矶街道笆斗山附近长江水面				灭失	

续表

序号	区属	名称	类型	地址	主管部门	文物保护级别	烈士纪念设施级别	保存状况	开放利用情况
54	江宁区	粟裕、钟期光居住地遗址	在南京进行过革命斗争的重要领导人物故居、旧居、活动地	江宁区横溪街道横溪社区姜林村	横溪街道			灭失	
55	江宁区	新四军先遣支队抗战指挥部遗址	党在南京建立的重要机构、召开重要会议旧址	江宁区禄口街道桑园社区后业村	禄口街道			灭失	
56	江宁区	龙都烈士墓	具有重要影响的烈士事迹发生地或墓地	江宁区湖熟街道龙都社区陵园路	湖熟街道	区级文保单位		完好	免费开放
57	江宁区	新四军第一支队指挥部旧址	党在南京建立的重要机构、召开重要会议旧址	江宁区横溪街道横山社区上庄村	江宁区文广局	市级文保单位		完好	免费开放
58	江宁区	土桥烈士陵园	具有重要影响的烈士事迹发生地或墓地	江宁区淳化街道柏墅社区	淳化街道	区级文保单位		完好	免费开放
59	江宁区	云台山抗日烈士陵园	具有重要影响的烈士事迹发生地或墓地	江宁区横溪街道云台山东麓	横溪街道	市级文保单位		完好	免费开放
60	江宁区	赤山之战纪念广场	新中国成立后兴建的反映中国共产党领导新民主主义革命的各类纪念馆、展览馆等纪念设施	江宁区湖熟街道丹桂社区渡桂村市民广场	丹桂社区			完好	免费开放
61	江宁区	横山烈士纪念碑	新中国成立后兴建的反映中国共产党领导新民主主义革命的各类纪念馆、展览馆等纪念设施	江宁区禄口街道桑园社区章山东麓	禄口街道			完好	免费开放

续表

序号	区属	名称	类型	地址	主管部门	文物保护级别	烈士纪念设施级别	保存状况	开放利用情况
62	江宁区	周岗烈士陵园	具有重要影响的烈士事迹发生地或墓地	江宁区湖熟街道尚桥社区	湖熟街道			完好	免费开放
63	江宁区	横山县抗日民主政府旧址	党在南京建立的重要机构、召开重要会议旧址	江宁区横溪街道许呈社区呈村	横溪街道	省级文保单位		完好	免费开放
64	江宁区	方山烈士公墓	具有重要影响的烈士事迹发生地或墓地	江宁区淳化街道方山风景区东南山腰处	江宁科学园			一般	免费开放
65	江宁区	邓仲铭殉难处	具有重要影响的烈士事迹发生地或墓地	江宁区禄口街道黄桥社区冯潭庄村西	禄口街道	尚未核定公布为文保单位的一般不可移动文物		完好	免费开放
66	江宁区	邓仲铭亭	新中国成立后兴建的反映中国共产党领导新民主主义革命的各类纪念馆、展览馆等纪念设施	江宁区东山街道竹山公园北侧	江宁区建设局东山园林管理所	区级文保单位		完好	免费开放
67	江宁区	后阳烈士墓	具有重要影响的烈士事迹发生地或墓地	江宁区江宁街道朱门社区后阳自然村	江宁街道	尚未核定公布为文保单位的一般不可移动文物		一般	免费开放
68	江宁区	姚文龙烈士墓	具有重要影响的烈士事迹发生地或墓地	江宁区禄口街道黄桥社区冯潭庄村	禄口街道			亟待抢救	免费开放
69	江宁区	陶家齐烈士墓	具有重要影响的烈士事迹发生地或墓地	江宁区湖熟街道湖熟社区刘家庄	湖熟街道			完好	免费开放

续表

序号	区属	名称	类型	地址	主管部门	文物保护级别	烈士纪念设施级别	保存状况	开放利用情况
70	江宁区	谷里团结抗日坝遗址	重要事件、重大战斗遗址	江宁区谷里街道谷里社区杜家坝村谷里水库				损毁	
71	浦口区	王荷波纪念馆	新中国成立后兴建的反映中国共产党领导新民主主义革命的各类纪念馆、展览馆等纪念设施	浦口区江浦街道行知路行知基地	浦口区纪委	其他		完好	免费开放
72	浦口区	石村抗日英雄纪念碑	新中国成立后兴建的反映中国共产党领导新民主主义革命的各类纪念馆、展览馆等纪念设施	浦口区星甸街道石村社区秦山顶	浦口区星甸街道	尚未核定公布为文保单位的一般不可移动文物		一般	免费开放
73	浦口区	浦口革命烈士纪念碑	新中国成立后兴建的反映中国共产党领导新民主主义革命的各类纪念馆、展览馆等纪念设施	浦口区江浦街道求雨山顶	浦口区文广局	区级文保单位		完好	免费开放
74	浦口区	浦口无名烈士纪念陵园	具有重要影响的烈士事迹发生地或墓地	浦口区珍珠泉旅游度假区向西约2公里包家桃园宁滁公路北	浦口区珍珠泉旅游度假区管委会	区级文保单位		一般	免费开放
75	江北新区	南京工运纪念馆——两浦铁路工人"二七"大罢工指挥所旧址	重要事件、重大战斗遗址	江北新区顶山街道南门浴堂街34号	市总工会	省级文保单位		完好	定期开放
76	江北新区	两浦铁路工人"二九"大罢工卧轨处旧址	重要事件、重大战斗遗址	江北新区顶山街道浦镇火车站西100米	上海铁路局南京东站	尚未核定公布为文保单位的一般不可移动文物		完好	不开放

续表

序号	区属	名称	类型	地址	主管部门	文物保护级别	烈士纪念设施级别	保存状况	开放利用情况
77	江北新区	南京地区第一个农村党支部——中共九袱洲支部遗址	党在南京建立的重要机构、召开重要会议旧址	江北新区顶山街道大新村新立组30号	顶山街道大新村	其他		损毁	
78	江北新区	中共南京市第一次代表大会遗址	党在南京建立的重要机构、召开重要会议旧址	江北新区顶山街道林泉社区西山	江北新区	其他		损毁	
79	江北新区	新四军江北指挥部秘密交通联络站遗址	党在南京建立的重要机构、召开重要会议旧址	江北新区葛塘街道长城村仇庄组仇庄2号	葛塘街道	其他		损毁	
80	江北新区	中共皖东津浦路东区党委秘密交通点遗址	党在南京建立的重要机构、召开重要会议旧址	江北新区长芦街道水家湾社区后街18号	长芦街道	其他		损毁	
81	江北新区	两浦铁路工人"七二"大罢工旧址	重要事件、重大战斗遗址	江北新区泰山街道津浦路30号浦口火车站(今南京北站)	铁路南京站浦口办事处	全国重点文保单位		完好	免费开放
82	江北新区	永利铔厂旧址——中共地下组织护厂斗争地	重要事件、重大战斗遗址	江北新区大厂街道凤凰山社区	南化集团公司	市级文保单位		完好	不开放
83	六合区	东王三烈士墓	具有重要影响的烈士事迹发生地或墓地	六合区冶山街道东王社区	冶山街道	区级文保单位		完好	免费开放
84	六合区	邓子恢居住地旧址	在南京进行过革命斗争的重要领导人物故居、旧居、活动地	六合区竹镇镇竹镇社区东后街119-1号	竹镇镇	市级文保单位		完好	不开放

续表

序号	区属	名称	类型	地址	主管部门	文物保护级别	烈士纪念设施级别	保存状况	开放利用情况
85	六合区	竹镇革命烈士陵园	具有重要影响的烈士事迹发生地或墓地	六合区竹镇镇送驾社区桃花山下	竹镇镇		新建设施	完好	免费开放
86	六合区	邓山头革命烈士陵园	具有重要影响的烈士事迹发生地或墓地	六合区程桥街道古墩村山陈组	程桥街道	尚未核定公布为文保单位的一般不可移动文物		完好	免费开放
87	六合区	送驾党支部纪念馆——六合农村第一个党支部成立地	新中国成立后兴建的反映中国共产党领导新民主主义革命的各类纪念馆、展览馆等纪念设施	六合区竹镇镇送驾村	竹镇镇			完好	免费开放
88	六合区	合王庄战斗遗址	重要事件、重大战斗遗址	六合区平山林场场部北				灭失	
89	六合区	竹镇市抗日民主政府旧址	党在南京建立的重要机构、召开重要会议旧址	六合区竹镇镇竹镇社区市府街19号	竹镇镇文体中心	市级文保单位		完好	免费开放
90	六合区	三区(东沟)抗日民主政府遗址	党在南京建立的重要机构、召开重要会议旧址	六合区龙袍街道孙赵村小集组				灭失	
91	六合区	新四军还击大刀会遗址	重要事件、重大战斗遗址	六合区横梁街道雨花石村奶山				灭失	
92	六合区	金牛山战斗纪念碑	新中国成立后兴建的反映中国共产党领导新民主主义革命的各类纪念馆、展览馆等纪念设施	六合区金牛湖街道金牛湖山南侧	金牛湖管委会	尚未核定公布为文保单位的一般不可移动文物		完好	免费开放

续表

序号	区属	名称	类型	地址	主管部门	文物保护级别	烈士纪念设施级别	保存状况	开放利用情况
93	六合区	新集战斗遗址	重要事件、重大战斗遗址	六合区龙池街道新集社区				灭失	
94	六合区	徐润芝烈士墓	具有重要影响的烈士事迹发生地或墓地	六合区横梁街道雨花石村奶山以北小茅山脚下	横梁街道	其他		一般	免费开放
95	六合区	郎兰庄战斗遗址	重要事件、重大战斗遗址	六合区横梁街道横梁社区郎兰组				灭失	
96	六合区	六合县抗日民主政府遗址	党在南京建立的重要机构、召开重要会议旧址	六合区竹镇镇西仇庄				灭失	
97	六合区	《茉莉花》采风纪念碑	新中国成立后兴建的反映中国共产党领导新民主主义革命的各类纪念馆、展览馆等纪念设施	六合区金牛湖街道官塘村	金牛湖管委会	尚未核定公布为文保单位的一般不可移动文物		完好	免费开放
98	六合区	中共江苏省委地下交通站遗址	党在南京建立的重要机构、召开重要会议旧址	六合区雄州街道荷花社区北大街27号				灭失	
99	六合区	张劲夫暂住地遗址	在南京进行过革命斗争的重要领导人物故居、旧居、活动地	六合区冶山街道东王社区七贤村周庄组				灭失	
100	六合区	桂子山烈士陵园	具有重要影响的烈士事迹发生地或墓地	六合区金牛湖街道茉莉花村	六合区民政局	尚未核定公布为文保单位的一般不可移动文物	县级	完好	免费开放

续表

序号	区属	名称	类型	地址	主管部门	文物保护级别	烈士纪念设施级别	保存状况	开放利用情况
101	六合区	新四军夜袭小桃园伪军遗址	重要事件、重大战斗遗址	六合区龙袍街道东沟新生村小桃园及熊柳村黄营组				灭失	
102	六合区	中共抗日武装袭击瓜埠伪自卫团遗址	重要事件、重大战斗遗址	六合区雄州街道瓜埠山社区瓜埠老街17—10号				灭失	
103	六合区	新四军第一派出所旧址	党在南京建立的重要机构、召开重要会议旧址	六合区竹镇镇竹镇社区东后街	竹镇镇	区级文保单位		完好	未开放
104	六合区	石庙伏击战遗址	重要事件、重大战斗遗址	六合区横梁街道石庙社区石庙组				灭失	
105	六合区	黄木桥(季香店)伏击战遗址	重要事件、重大战斗遗址	六合区马鞍街道郭营村季营组				灭失	
106	六合区	中共浦六工委武工队夜袭楼子庄伪自卫团遗址	重要事件、重大战斗遗址	六合区龙袍街道楼子村楼子组				灭失	
107	六合区	中共策划汪伪警卫三师起义处遗址	重要事件、重大战斗遗址	六合区横梁街道钟林社区				灭失	
108	六合区	收复六合城战斗遗址	重要事件、重大战斗遗址	六合区雄州街道六合城西门				灭失	
109	六合区	新四军第二师临时指挥部旧址	党在南京建立的重要机构、召开重要会议旧址	六合区雄州街道龙津社区板门口15号六合饭店内	雄州街道	区级文保单位		一般	免费开放

续表

序号	区属	名称	类型	地址	主管部门	文物保护级别	烈士纪念设施级别	保存状况	开放利用情况
110	六合区	程桥袭击战遗址	重要事件、重大战斗遗址	六合区程桥街道粮管所				灭失	
111	六合区	横梁长塘营伏击战遗址	重要事件、重大战斗遗址	六合区横梁街道王子庙社区长塘营组				灭失	
112	六合区	东沟革命烈士陵园	具有重要影响的烈士事迹发生地或墓地	六合区龙袍街道东沟白马山	龙袍街道	其他		完好	免费开放
113	六合区	骡子山战斗遗址	重要事件、重大战斗遗址	六合区马鞍街道马集骡子山				灭失	
114	六合区	柴庄联络站遗址	党在南京建立的重要机构、召开重要会议旧址	六合区龙袍街道东沟团结村柴庄组				灭失	
115	溧水区	溧水机场工人罢工遗址	重要事件、重大战斗遗址	溧水区柘塘街道空军农场		其他		灭失	
116	溧水区	中山烈士陵园	具有重要影响的烈士事迹发生地或墓地	溧水区永阳街道中山社区	溧水区民政局	尚未核定公布为文保单位的一般不可移动文物	县级	完好	免费开放
117	溧水区	陈家大戏台——粟裕抗日演讲处	在南京进行过革命斗争的重要领导人物故居、旧居、活动地	溧水区洪蓝镇陈卞村	洪蓝镇陈卞村	其他		完好	免费开放
118	溧水区	新桥会师遗址	重要事件、重大战斗遗址	溧水区晶桥集镇		其他		灭失	

续表

序号	区属	名称	类型	地址	主管部门	文物保护级别	烈士纪念设施级别	保存状况	开放利用情况
119	溧水区	大金山国防园	新中国成立后兴建的反映中国共产党领导新民主主义革命的各类纪念馆、展览馆等纪念设施	溧水区东屏镇集镇	大金山国防园	市级文保单位		完好	收费开放
120	溧水区	青年抗日救国训练班遗址	党在南京建立的重要机构、召开重要会议旧址	溧水区白马镇岗上村张氏宗祠		其他		灭失	
121	溧水区	后村交通站遗址	党在南京建立的重要机构、召开重要会议旧址	溧水区东屏镇后村		其他		灭失	
122	溧水区	群力新四军抗日烈士墓	具有重要影响的烈士事迹发生地或墓地	溧水区柘塘街道群力村	柘塘街道民政办	其他		完好	免费开放
123	溧水区	江当溧县委机关驻地遗址	党在南京建立的重要机构、召开重要会议旧址	溧水区石湫镇横山行政村胡家店自然村		其他		灭失	
124	溧水区	横山事变遗址	重要事件、重大战斗遗址	溧水区石湫镇双尖山		其他		灭失	
125	溧水区	乌山烈士墓	具有重要影响的烈士事迹发生地或墓地	溧水区柘塘街道红星村乌山东麓	柘塘街道民政办	尚未核定公布为文保单位的一般不可移动文物		完好	免费开放
126	溧水区	马占寺战斗遗址	重要事件、重大战斗遗址	溧水区永阳镇东庐林场马占山	白马镇民政办	其他		灭失	

续表

序号	区属	名称	类型	地址	主管部门	文物保护级别	烈士纪念设施级别	保存状况	开放利用情况
127	溧水区	李巷红色遗址遗迹群	在南京进行过革命斗争的重要领导人物故居、旧居、活动地	溧水区白马镇李巷村	溧水商旅集团	区级文保单位		完好	免费开放
128	溧水区	新四军十六旅卫生部医疗所遗址	党在南京建立的重要机构、召开重要会议旧址	溧水区东屏镇金湖村解家棚子解家油坊		其他		灭失	
129	溧水区	中共苏皖区委扩大会议遗址	党在南京建立的重要机构、召开重要会议旧址	溧水区白马镇尤家村尤氏宗祠		其他		灭失	
130	溧水区	里佳山烈士墓	具有重要影响的烈士事迹发生地或墓地	溧水区晶桥镇里佳山村	晶桥镇民政办	尚未核定公布为文保单位的一般不可移动文物		完好	免费开放
131	溧水区	小蒋家红色遗址	重要事件、重大战斗遗址	溧水区白马镇小蒋家村		其他		灭失	
132	溧水区	仙坛新四军抗日烈士墓	具有重要影响的烈士事迹发生地或墓地	溧水区晶桥镇仙坛村	晶桥镇民政办	其他		完好	免费开放
133	溧水区	抗大九分校旧址群	党在南京建立的重要机构、召开重要会议旧址	溧水区晶桥镇		其他		亟待抢救	免费开放
134	溧水区	南岗战斗遗址群	重要事件、重大战斗遗址	溧水区石湫镇	石湫镇民政办	其他		完好	免费开放

续表

序号	区属	名称	类型	地址	主管部门	文物保护级别	烈士纪念设施级别	保存状况	开放利用情况
135	溧水区	苏南反顽战役遗址群	新中国成立后兴建的反映中国共产党领导新民主主义革命的各类纪念馆、展览馆等纪念设施	溧水区白马镇回峰山麓	溧水区民政局	区级文保单位	县级	完好	免费开放
136	溧水区	西宋事件遗址	重要事件、重大战斗遗址	溧水区晶桥镇西宋村		其他		灭失	
137	溧水区	老虎庄事件遗址	重要事件、重大战斗遗址	溧水区永阳镇石巷村老虎庄		其他		灭失	
138	溧水区	琴音合作社旧址	党在南京建立的重要机构、召开重要会议旧址	溧水区晶桥镇环步岗村陈家小祠堂	陈氏家族	其他		完好	免费开放
139	溧水区	新桥战斗遗址	重要事件、重大战斗遗址	溧水区晶桥镇新桥村		其他		灭失	
140	溧水区	横山人民抗日斗争纪念馆	新中国成立后兴建的反映中国共产党领导新民主主义革命的各类纪念馆、展览馆等纪念设施	溧水区石湫镇横山村	石湫镇横山村委会	其他		完好	免费开放
141	溧水区	秋湖小学旧址	党在南京建立的重要机构、召开重要会议旧址	溧水区晶桥镇环步岗村陈氏宗祠	陈氏家族	其他		完好	免费开放
142	溧水区	新四军茅山军分区兵工厂遗址	党在南京建立的重要机构、召开重要会议旧址	溧水区白马镇尤家村		其他		灭失	
143	溧水区	平息韩胡区、韩固区刀会暴乱遗址	重要事件、重大战斗遗址	溧水区和凤镇骆山村		其他		灭失	

续表

序号	区属	名称	类型	地址	主管部门	文物保护级别	烈士纪念设施级别	保存状况	开放利用情况
144	溧水区	张家岗战斗遗址	重要事件、重大战斗遗址	溧水区白马镇张家岗村蒋家坝		其他		灭失	
145	溧水区	望湖山烈士墓	具有重要影响的烈士事迹发生地或墓地	溧水区石湫镇塘窦村西面	石湫镇民政办	尚未核定公布为文保单位的一般不可移动文物		完好	免费开放
146	溧水区	花山冲地下联络站遗址	党在南京建立的重要机构、召开重要会议旧址	溧水区白马镇白马村花山冲自然村颜为顺家		其他		灭失	
147	高淳区	中共月亮湖支部遗址	党在南京建立的重要机构、召开重要会议旧址	高淳区阳江镇西莲村埒草埂月亮湖圩埂上				灭失	
148	高淳区	游子山烈士陵园	具有重要影响的烈士事迹发生地或墓地	高淳区东坝镇环山路6号游子山南麓	区民政局	区级文保单位		完好	免费开放
149	高淳区	新四军第一支队司令部旧址	党在南京建立的重要机构、召开重要会议旧址	高淳区淳溪街道当铺巷78号吴氏祠堂内	高淳老街管理服务中心	省级文保单位		完好	免费开放
150	高淳区	姜铨旧宅——陈毅暂住地旧址	在南京进行过革命斗争的重要领导人物故居、旧居、活动地	高淳区淳溪街道姜家村96号	淳溪街道			一般	免费开放
151	高淳区	新四军驻高淳办事处旧址	党在南京建立的重要机构、召开重要会议旧址	高淳区淳溪街道仓巷30号	高淳老街管理服务中心	区级文保单位		完好	免费开放

续表

序号	区属	名 称	类型	地 址	主管部门	文物保护级别	烈士纪念设施级别	保存状况	开放利用情况
152	高淳区	新四军第三支队六团团部旧址	党在南京建立的重要机构、召开重要会议旧址	高淳区砖墙镇垛上村				亟待抢救	
153	高淳区	中共淳溪第三支部(东阳店支部)旧址	党在南京建立的重要机构、召开重要会议旧址	高淳区淳溪街道中山大街杨厅内	高淳老街管理服务中心			完好	收费开放
154	高淳区	新四军第五兵站旧址	党在南京建立的重要机构、召开重要会议旧址	高淳区桠溪镇赵村的赵家祠堂内	桠溪镇			一般	免费开放
155	高淳区	谦泰染坊旧址——中共溧高县工作委员会活动地	党在南京建立的重要机构、召开重要会议旧址	高淳区漆桥镇漆桥村167号	漆桥老街开发管理有限公司	尚未核定公布为文保单位的一般不可移动文物		亟待抢救	免费开放
156	高淳区	潘家花园——陈毅暂住地旧址	在南京进行过革命斗争的重要领导人物故居、旧居、活动地	高淳区东坝镇东风村潘家花园坡地	东坝镇			一般	免费开放
157	高淳区	福昌五洋商店旧址——中共漆桥区委活动地	党在南京建立的重要机构、召开重要会议旧址	高淳区漆桥镇漆桥村	漆桥老街开发管理有限公司	尚未核定公布为文保单位的一般不可移动文物		完好	免费开放
158	高淳区	孔华亭烈士墓	具有重要影响的烈士事迹发生地或墓地	高淳区古柏镇丁檀村村西南农田中	古柏镇民政办	其他		完好	免费开放
159	高淳区	西舍——溧高县抗日民主政府旧址群	党在南京建立的重要机构、召开重要会议旧址	高淳区桠溪镇跃进村西舍自然村	桠溪镇跃进村委	尚未核定公布为文保单位的一般不可移动文物		完好	免费开放

续表

序号	区属	名称	类型	地址	主管部门	文物保护级别	烈士纪念设施级别	保存状况	开放利用情况
160	高淳区	溧高战役遗址	重要事件、重大战斗遗址	高淳区漆桥镇游山一带				灭失	
161	高淳区	大新(兴)塘水库	重要事件、重大战斗遗址	高淳区桠溪镇新塘村北,夏家村南	桠溪镇			完好	免费开放
162	高淳区	花墙门战斗遗址	重要事件、重大战斗遗址	高淳区桠溪镇花墙门村				灭失	
163	高淳区	东坝战役遗址	重要事件、重大战斗遗址	高淳区东坝镇一带				灭失	
164	高淳区	刘道清烈士墓	具有重要影响的烈士事迹发生地或墓地	高淳区桠溪镇韩桥村东南	桠溪镇民政办			一般	免费开放
165	高淳区	中共高淳县地下特别支部遗址	党在南京建立的重要机构、召开重要会议旧址	高淳区淳溪街道学山路高淳区实验小学内	高淳区教育局			灭失	

注：江宁区陶家齐烈士墓已迁移,不在原址,谷里团结抗日坝遗址现为水库,江北新区的新四军江北指挥部秘密交通联络站遗址、中共皖东津浦路东区党委秘密交通点遗址实地踏勘未找到位置。

附表3 近期实施重点项目(建议)一览表及分布图

主城重点项目一览表

项目	价值/特色	主要资源	空间载体(建议)	主要措施
两馆:王荷波纪念馆、市级党史馆	党早期重要领导人;早期工人革命斗争事迹	王荷波纪念馆	浦镇车辆厂	原场馆位置偏远,纪念馆应靠近人物事件发生地;选址新建场馆
	红色文化综合展示场所	中共南京党史馆	渡江胜利纪念馆南侧用地	新建场馆,将南京地区党史发展相关历程全部纳入
一园:市级党史教育公园	红色文化综合展示场所	中共南京党史教育公园	下关滨江带、首都电厂遗址公园附近	在公园内增加各类红色事迹主题雕塑,场景再现
两片:雨花英烈片、长江路梅园片	雨花英烈精神	雨花台烈士陵园	雨花台烈士陵园及周边	陵园内设施环境提升;周边文化设施改造建设
	解放胜利	梅园新村纪念馆、总统府等	长江路片、梅园新村为核心	结合总统府大门前照壁恢复工程优化调整长江路线型,形成南京解放纪念广场;整治提升梅园新村周边整体环境
一线:下关滨江—两浦红色文化体验线路	早期工人革命斗争事迹、迎接解放	渡江胜利纪念馆等	下关—两浦	两岸滨江带相关红色文化主题营造;增加仿京电号游船、渡船摆渡体验,渲染当年解放军渡江的气势

外围地区重点项目一览表

项目	价值/特色	主要资源	主要措施
一街:竹镇"红色老街"		竹镇抗日民主政府等	完善街区红色文化标识标牌与信息介绍,扩大红色文化展示空间;街区主要绿地广场设立雕塑小品,主要出入口设立标识标牌;资源周边街巷环境整体提升,周边服务设施完善;西部干线等重要干路可设置大型雕塑
一山:横山红色文化旅游片	铁军精神、领导人事迹	横山周边的横山烈士纪念碑、横山人民抗日斗争纪念馆等	红色文化教育与展示、旅游服务与山水景观资源结合;资源串联路径上统一雕塑小品;统一资源标识标牌;完善旅游服务设施
三村 溧水李巷		李巷红色遗址遗迹群	结合美丽乡村、特色田园乡村、传统村落保护规划等,完成建筑保护修缮、村庄环境设施提升整治
三村 高淳西舍		溧高县抗日民主政府旧址等	
三村 江宁呈村		横山县抗日民主政府旧址等	

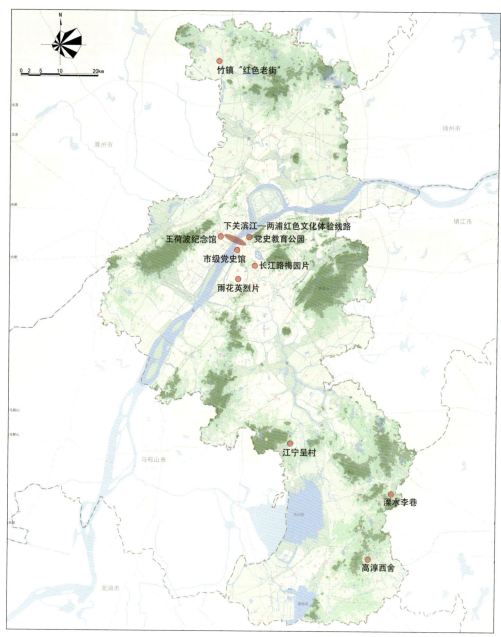

近期项目分布图　资料来源：笔者绘

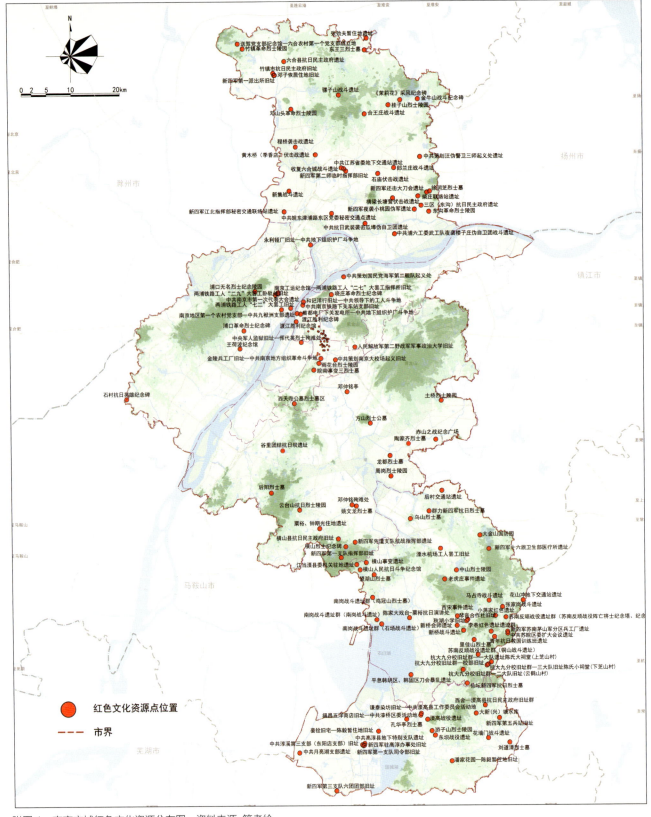

附图1 南京市域红色文化资源分布图 资料来源:笔者绘

附图2 南京老城红色文化资源分布图 资料来源:笔者绘

后 记

对我们规划设计院来讲,将实际规划设计项目成果转变成有一定普适性的出版成果,不论在时间安排上还是在理论研究深度上都有一定的难度。所幸的是,在规划编制过程中,随着我们对南京红色文化认知的不断深入,深感南京在新民主主义革命中的价值并没有被完全揭示,这促使我们在规划项目编制完成之后,有激情、有责任去整理、拓展相关研究并出版此书,为更好地保护利用南京红色文化资源、推高南京在全国的红色文化中的地位、扩大南京红色文化资源的影响力作出一定的贡献。

由于红色文化资源的保护利用涉及多个专业部门,因此,在规划过程中,中共南京市委宣传部、党史办与南京市规划局(原)前后多次组织专业部门讨论及意见征询会,发动相关专业部门与专家的力量,为南京红色文化资源保护利用工作把关,为本书的撰写提供了坚实的基础。

在2017年开题之初,原中共南京市委常委曹路宝同志对《南京市红色文化资源保护利用规划》项目的编制工作给予前期指导及总体部署。在规划编制过程中,得到中共南京市委宣传部陈勇部长、彭振刚副部长,南京市规划局(原)叶斌局长、何流副局长,中共南京市委党史工作办公室吴伟副主任、徐国前处长,以及各区委党史办同志的全力支持、指导和把关。特别感谢叶斌局长,他一直要求规划设计单位结合实际项目进行总结、探索和提升。他的大力支持,推进了本书的出版。

  本书的编写过程中,还得到了南京市规划设计研究院有限责任公司张正康董事长、程茂吉院长的支持;感谢规划课题组项闯、胡奕爽、孔德钟、石洁、王宇新、林曼青、万里、郁晨、胡进、孟凡霄等各位同事长达两年细致认真的工作。东南大学出版社为本书的策划、编排、出版提供支持,保证了本书在建党100周年之际顺利出版。在此,对以上各位的支持和帮助表示诚挚的感谢!由于编者水平有限,仓促之中,难免出现疏漏之处,书中相关的规划建议与引导措施随着后续工作的持续深入将进一步细化完善,真诚希望专业人士和广大热心读者批评指正。

童本勤 张 峰 孙 静
2020年12月于南京